鬼むかし

昔話の世界

五来 重

角川文庫
22900

鬼むかし　昔話の世界

目次

鬼むかし

一　昔話の意味

昔話といえば、爺《じい》さん婆さんの語る話、という考えは、最近急速にかわった。第一に、爺さん婆さんと孫との関係は、昔のように子守と昔話でむすばれるような社会環境でなくなった。爺さん婆さんは嫁に遠慮して孫を他人のように敬遠し、自分たちは老人教室や敬老旅行に精を出して、老人疎外から身を守るのに汲々《きゆうきゆう》としている。せっかくむかし聞いた大切な昔話が忘却の彼方《かなた》に流れ去るのは当然である。いま、学生などの民俗探訪に応じて、昔話を語ることができるのは、よほど幸福な老人なのである。

また孫の方もテレビや漫画に熱中して、爺さん婆さんの語ろうとする昔話などは、先刻ご承知で、うっかり「むかしむかし」などといおうものなら、ませた孫に小馬鹿にされてしまう。そうかといって若いママも中年のお母さんも、地域運動や文化活動には熱心でも、昔話などという子供だましの非科学的な話には興味がない。したがっていま、昔話の語り手は、これも若い幼稚園の保母さんか、絵本の作者であり、まれに民間放送のプロデューサーということになる。

しかしこれらの語り手は、幼稚な子供がおとなしくきいてくれるからとか、絵本がよく売れるから、あるいは昔話ブームで視聴率がいいからという関心のほかに、この話をどうしても次の世代に語りつたえなければならない、という使命感はもっていない。したがって、しばしば大人向きに改変されて、「再創造」などという妙な言葉でよばれる昔話が出てくる。昔話というのは語り手によって多少変化するのは当然であるが、骨格となる本筋は変らずに伝えられてきたのである。それは明治になってからの巌谷《いわや》小波《さざなみ》（一八七〇―一九三三）の『日本昔噺』や『日本お伽噺』までそうであったし、戦前の絵本でもおなじであったとおもう。それでも結構子供は、飽きもせずに、よろこんで読んだ。それが昔話というものの存在価値であり、民族伝承としての昔話の歴史的意義である。

敗戦後の文化国家では、民族的なものはすべて反動であった。なにか新しい思想で改変しないと、反動的で古くさいのである。それで、「桃太郎《ももたろう》」の鬼は資本家で、桃太郎はこれを征伐する闘士というような解釈を加えるものもでき、それがメーデーの仮装や作り物にもなった。それはパロディとしてはご自由であるが、「桃太郎」や

「花咲爺《はなさか》」や「こぶとり」のできる歴史的背景があきらかになっていれば、あまり勝手な解釈はできなくなるであろう。また昔話の歴史的意味がわかれば、幼稚園の保母さんの意気込みもちがってくるであろうし、若いママさんも子供に昔話を話す気になるとおもう。

昔話は、神話のように集団の強制力をもった説話ではない。むしろ民衆の自由なコンセンサスで、いつの間にやらできあがった口誦《こうしょう》伝承である。昔話に特定の作者がないということは、民族の心と信仰が赤裸々に表現されているということである。したがって、昔話を分析すれば、日本人の民族性や民族宗教をあきらかにすることができるのである。従来、昔話は幼児教育の教材として、また日本の伝承文学としてとりあげられてきた。そのうえ最近では、ユング心理学など、集団無意識という深層心理から解釈を加える試みもなされている。

このように、昔話がいろいろの立場から取りあげられるのは、結構なことである。しかし文学といっても昔話はすでにきまった定型があるので、詩歌小説のような、創造性のある文学として扱えるかどうか心許《こころもと》ない。伝承というのは創造とまったく反対のはたらきだからである。問題は、どうして定型ができあがったか、ということである。この定型をつくる原動力が、民族という集団のもっている「無意識」だというのが、ユング心理学の立場であろうが、歴史学的には、昔話のもうひとつ前に神話がある。神話は、その民族の文献以前の生活と民族宗教が、説話化して伝承されたものである。それは神々の言葉や行為として語られているけれども、これを人間の世界に世俗化すると、昔話になってしまう。

私がそういったからといって、いまの『古事記』『日本書紀』の神話が、すべての日本の昔話の源流だというのではない。『古事記』『日本書紀』に採録されなかったいろいろの集団（部族や氏族）の神話もあったはずであって、それが昔話化した場合は、むしろ昔話が原神話を暗示する場合もある。そのうえ厄介なことに、日本では仏教が入ってくると、神や仏の霊験や本地《ほんじ》をかたる唱導の縁起がつくられ、これが昔話の源流の一つになり、しかもその縁起にも神話や民族宗教がとりこまれていることは、これを分析すればすぐに分るのである。このように、神話と、これが地域に密着した伝説と縁起が、民間伝承として分裂し、単純化して昔話になった、と私はかんがえている。そして、これを子供向きにして動物説話にしたり、隣の爺さん型の教訓話にしたのが、現在の昔話だとおもう。

二　「こぶとり」の原型

昔話の中で、宗教民俗学の立場から、日本人の民族宗教の原型をもっともよくしめすのは、霊物怪異談という一群の昔話である。鬼や天狗《てんぐ》や龍《りゅう》、河童《かっぱ》・山の神・水の神・山姥《やまんば》・幽霊・化物・天邪鬼《あまのじゃく》・雪女・貧乏神など、実在でない怪物や霊物を主題《モチーフ》とした話である。動物昔話でも霊物の化身としてかたられる場合もあり、このジャンルの昔話はもっとも多いといってよい。昔話には型によっていろいろの分類があるが、その場合でも要素《ファクター》（登場人物）として霊物が出ることが多い。すなわち、昔話に神よりも霊物に関する説話が多いことは、庶民信仰の神はすなわち霊物であったことをしめすものである。したがって、霊物怪異談を分析すれば、日本民族の神観念の原点をあきらかにすることができる。

霊物怪異談の中で、きわめて大きな比重を占めるのが鬼の昔話である。これは「鬼むかし」といって特別にあつかわれた。その鬼は奈良《なら》時代の記紀《きき》説話や『日本霊異記』の唱導説話の中にも見えているが、平安《へいあん》時代の昔話型の鬼説話として代表的なものは、『宇治拾遺物語』（巻一）の「鬼に癭《こぶ》取らるる事」という「こぶとり爺さん」の原話である。

これも今はむかし、右の顔に大なるこぶ《（瘤）》ある翁ありけり、大かうじ《（柑子）》の程なり。人にまじる《（交）》に及ばねば、薪をとりて世をすぐる《（過）》ほどに、山へ行《ゆき》ぬ。

とあって、翁《おきな》は山で雨風に会って家へ帰れなくなり、木の洞《うつろ》に入って一夜を明かそうとすると、夜半に鬼が出てきて酒盛りをはじめた。ここで鬼といったものは、実は化物にあたる。

大かたやう〱《(様々)》さま〲《(様々)》なるものども、あかき色（の鬼）には青き物をき《(着)》、くろき色（の鬼）には赤き物をき《(着)》、たうさぎ《(犢鼻褌)》に《(を)》かき、大かた目一つある物あり。口なき物など、大かたいかに《(如何)》もいふ《(言)》べきにあらぬ物ども、百人計《ばかり》ひしめきあつまり《(集)》て、火をてん《(天)》のめ《(目)》のごとくにとも《(燈)》して、我ゐ《(居)》たるうつぼ《(洞)》木のまへに居まはりぬ。大かたいとど物おぼえず、むね《(宗)》とあるとみ《(見)》ゆる鬼、横座（主人座）にゐたり。うらうへ《(左右)》に二ならび《(列)》に居な《(並)》みたる鬼、数をしら《(知)》ず。そのすがたおの〱《(各々)》いひつく《(言尽)》しがたし。酒まゐら《(参)》せあそぶ有様、この世の人のする定《ぢやう》（とおり）也。

とあって、この鬼は一つ目小僧であったり、ノッペラ坊であったりする。その中に親分らしい鬼がおり、その前に鬼が二列にならんで、人間のするような酒盛りをはじめた。そこへ若い鬼が折敷《おしき》をもって出て、なにか歌いながら舞いはじめた。下座から次々に出て舞を舞ったが、親分の鬼が、もっと珍しい「かなで」（演奏）を見たいと言っていたので、木の洞におった翁は思わず走り出て舞った。すると親分の鬼はひどく気に入って、この次の酒盛りにもかならず舞いに来いといったが、さかしい鬼が、この次かならず来るように質《しち》物を取りましょうと、顔の瘤《こぶ》を取ってくれた。

鬼より《(寄)》て「さはとる《(取)》ぞ」とて、ねぢ《(捻)》てひくに、大かたいた《(痛)》き事なし。さて「かならずこのたび《(この次)》の御遊《ぎよゆう》にまゐるべし」とて暁に鳥などな《(鳴)》きぬれば、鬼どもかへりぬ。

そこで翁はよろこんで家に帰り、この話をすると、隣の翁の、左の顔に大きな瘤のあるのが、次のときおなじ木の洞に入って待った。こんどはこの翁が出て舞ったけれども下手だったので、前の質の瘤を返すといって、右にも瘤をつけられて、両頬に瘤のある翁になった、とある。

ここにはすでに隣の爺さん型が出ているが、もと山伏《やまぶし》には舞を競《きそ》うことがあって、勝った者は賞せられ、負けた者は罰せられるという「験競《げんくらべ》」が、説話の中では翁の舞となったものとおもう。これはまた、親分の鬼の前に一列に並んだ鬼が、下座から次々に出て舞ったのも同じで、この酒盛りは山伏の延年《えんねん》にあたるのである。延年というのは、山伏の行事の中で、正月の修正会《しゅしょうえ》や三月の法華会《ほっけえ》、六月（または七月）の蓮《れん》華会《げえ》に酒盛りをして舞を舞い、験競《げんくらべ》をする集会《しゅうえ》である。延年はまた山伏の十界《じっかい》修行（地獄・餓鬼・畜生・修羅《しゅら》・人間・天人・声聞《しょうもん》・縁覚《えんがく》・菩薩《ぼさつ》・仏）のうち、天人道の修行にあたり、舞を舞うことは必須《ひっす》科目であった。

山伏はしばしば鬼や天狗に擬せられるが、これは鬼や天狗が山神の化身なので、山伏は鬼や天狗に奉仕するものとなる。また修行の結果、山伏は山神である鬼や天狗と一体化しようとする。これが即身成仏《そくしんじょうぶつ》（即身成神）なので、山伏の行事を、鬼や天狗の話に転化することがしばしばある。したがって『宇治拾遺物語』の「こぶとり」の鬼の酒盛りと舞を舞うことは、山伏の延年を「鬼むかし」の中にとり込んだのである。

しかし山伏は野外で行事をするので、この話のようになり、この酒盛りに参加をゆるされるのはきわめて幸運とされたのであろう。

三　鬼と死霊・祖霊

絵に描かれた鬼や芸能の鬼は、みな裸で虎の皮の褌《ふんどし》をし、頭に一本または二本、三本の角《つの》をもっている。しかしこのような怪物が実在するはずもないし、オニはオン(隠)の訛《なま》りで、姿のないものの意といわれている。これが今のような形象をもつにいたったのは、仏教の影響といってよいであろう。しかも『宇治拾遺物語』では、一つ目小僧やノッペラ坊のような化物まで、鬼とよばれている。これは中国で「鬼《き》」は死者の霊魂を指すものなので、日本でも死霊を鬼とよんだからである。修験道《しゅげんどう》(山岳宗教)の研究からも、山伏の奉仕する山神の原質《げんしつ》は、その山の麓《ふもと》に生活する人々の霊魂が山中他界《さんちゅうたかい》にとどまって山神とよばれた、とすることができる。この霊魂はまた祖《そ》霊《れい》となって、子孫を慈《いつく》しむとともに、子孫を誡《いまし》めるから、恩寵《おんちょう》と懲罰の二面性をもっている。これが「こぶとり」では、良い爺さんには幸運を与え、良くない隣の爺さんには罰を与えたという隣の爺さん型昔話のもとである。

鬼が死者の霊魂であったという話は、『日本書紀』斉明《さいめい》天皇七年の条に、斉明天皇

の喪葬にあたって、

朝倉山の上に於いて、鬼有りて、大いなる笠を著《き》て、喪《みも》の儀《よそほひ》を臨み視《み》る。

とあり、これは『扶桑略記』同年の記事から見て、豊浦大臣《とゆらのおとど》（蘇我入鹿《そがのいるか》）の霊と見てよい。斉明天皇の重祚《じゅうそ》前の皇極《こうぎょく》天皇のとき、大化改新《たいかのかいしん》のクーデターに、入鹿が天皇の目前で殺されたために、その霊がしばしば天皇に祟《たた》りをしたからである。笠を著るというのも、死者を葬るのに笠を持たす、という葬墓儀礼が反映している。

また奈良時代の『日本霊異記』（上巻第三話）では、奈良元興寺《がんごうじ》の悪奴の霊鬼が、鐘堂で鐘を撞《つ》く童子を毎晩殺した、という話になっている。これをのちに道場法師《どうじょうほうし》とよばれる大力の童子（召使）が退治したが、退治したときの血をたどってゆくと、悪奴を埋めた十字路までつづいていた。

（前略）晨朝《じんでう》の時に至りて、鬼の頭髪引剝《ひきはが》れて逃ぐ。明日、彼の鬼の血を尋ねて求め往けば、其の寺（元興寺）の悪奴を埋め立てし衢《ちまた》に至る。即ち彼の悪奴の霊鬼なることを知る也。彼の鬼の頭髪は、今元興寺に収めて、財《たから》と為す也。然る後、其の童子（道場法師）優婆塞《うばそく》と作《な》り、猶ほ元興寺に住す。（中略）故に寺の衆僧聴《ゆる》して得度出家せ令《し》む。名を道場法師と号す。後の世の人伝へ謂ふ。元興寺の道場法師、強力多く有りと。

とあって、怨霊は鬼と化して人を取り殺すと信じられていたことをしめす。しかしその鬼も大力と呪力をもった優婆塞（山伏）には調伏されてしまうということで、道場法師が登場する。この道場法師というのは、寺の雑役をしたり、寺内を警備したりする山伏の原型で、一寺に多数いて、のちに僧兵の堂衆を形成したのである。

このように、『宇治拾遺物語』の「こぶとり」でも『日本霊異記』の道場法師でも、「鬼むかし」は山伏修験に密接な関係がある。山伏は鬼を退治するのでなくて、死霊（鬼）の荒れたり祟《たた》ったりするのを鎮魂する呪力をもつとされていたからである。

昔話の研究者が「鬼を一口」とよんでいる「鬼むかし」は、実は「鬼は一口」のことで、鬼は人間を一口にたべてしまうという型の昔話が多い。これも死霊の祟《たた》りで人が殺されたという話が、死霊即鬼という方式で鬼観念が固定し、「鬼一口」の鬼になったのである。『日本霊異記』（中巻第三十三話）は「女人悪鬼に点《てん》ぜ見《ら》れて、食噉《く》は所《る》る縁《ことのもと》」という題で、女人が怨霊の鬼に魅入られて、食べられてしまった話をのせている。実話のように筋を立てて、大和《やまと》十市《とおち》郡菴知《あんち》村の金持の娘、「万之子《ましこ》」は、気位が高くてオールドミスであったが、彩帛《さいはく》三車の贈物をしてきた男に心を引かれて、閨《ねや》を許した。その夜、「痛い哉」という声が三遍したのを両親は粋をきかしたつもりで黙っていた。次の朝、母が室《へや》をあけてみれば、頭と指一本をのこして、すっかり食べられてしまっていた。八方の人が集ってきて、これを神怪とも鬼啖《おにぐい》ともいったが、これは過去の怨霊のせいだという。

鬼の昔話は、分類すれば実に多くの型になる。しかしその原型は、死霊と祖霊が形象化されて鬼になったものである。そのとき死霊は、「鬼一口」型の人間を食べるという恐怖的な鬼になり、祖霊は恐怖とともに恩寵をもった二面性の鬼になった。これに仏教の羅刹《らせつ》鬼や地獄の牛頭《ごず》鬼馬頭《めず》鬼などが加わり、修験道の山伏や天狗とも結合して、多種多様な「鬼むかし」ができた。これを分類、整理することは容易でないが、一応その分類私案をしめしておくと、①鬼一口型　②鬼恩寵型　③鬼宝物型　④鬼童子型　⑤鬼来訪型　⑥鬼踊り型　⑦鬼征伐型　⑧鬼失敗型　⑨鬼巨人型　⑩鬼地獄型に分類できるであろう。次にこれらの主なるものをとりあげて、その歴史性と宗教性を考察してみたい。

鬼一口

一　「一寸法師」の鬼

昔話の鬼と天狗《てんぐ》はきわめて似ており、鬼を天狗に置き換えたような話が多い。「こぶとり」も、天狗の酒盛りにこぶとり爺《じい》さん（実はこぶとられ爺さん）が出ていって踊った、と語られるのもある。そのようなときは、

天狗、天狗、八天狗、
おれまでかぞ《数》えれば九天狗

などと滑稽《こっけい》な歌で踊ったり、

古笠《ふるがさ》、古蓑《ふるみの》、古円座《ふるえんざ》、
とれとれ、とひゃひゃら、すととんとん

と、御神楽《かぐら》の囃子《はやし》で踊った、となっていて陽気である。

ところが、鬼の話には「人を喰《く》う」という陰惨な雰囲気がただよっている。これは

霊鬼という概念がつよいためであろうとおもうが、『常陸風土記』（久慈《くじ》郡河内里）には「魑魅《ちみ》」を「おに」と読ませて「疾《と》き鬼も鏡にむかへば自ら滅《き》ゆ」という俚諺《りげん》を載せている。古墳の鏡の副葬は死霊の暴悪を鎮めるものだったことがわかる。また『日本書紀』（神代下）では「邪鬼」を「あしきもの」や「あしきかみ」と読ませ、「残賊強暴横悪之《ちはやぶるあしき》神者《かみども》」といって、鬼は悪者であるという一つの概念ができあがった。したがってこのような鬼には人間は尋常の手段では対抗できないので、呪術や呪物でその害を避けるという神話ができ、これに人間の機智を加えて昔話になったのである。『日本書紀』（神代上）では、伊弉諾尊《いざなぎのみこと》は死んだ伊弉冉尊《いざなみのみこと》に会いに黄泉《よみ》（殯斂処《もがりのところ》）に入り、死霊の鬼に追われたとき、桃の実でその害からのがれる。

　此れ桃を用《も》て、鬼《あしきもの》を避くる縁《ことのもと》なり。

とあるが、昔話でも、鬼や人喰や鬼婆《おにばば》から逃げるのに、桃の木に登るというのが多い。

　このように、鬼の恐怖を語る昔話には、鬼が人を喰うというモチーフがついてまわるのであって、これを古くから「鬼一口」といってきた。ところが、昔話の語り手はこの語は知っていても、意味が分らなくなったために話が変質して、昔話の分類では「鬼を一口」というものになってしまった。昔話にはこのような変質がしばしばあるので、原型にもどしてみないと意味がさっぱり分らないのは、「鬼を一口」ばかりではない。

「鬼を一口」の昔話では「化験べ《ばけくら》」のモチーフをつかって、鬼や山姥《やまんば》、山男に喰われようとするとき、人間の機智で「化験べ」をしようと申し出る。そうすると単純な鬼は得意になって、豆や饅頭《まんじゅう》や兎や蚤《のみ》に化けて見せると、人間はそれを一口に食べてしまうという筋である。これは、「化験べ」というモチーフさえあれば、話者の思い付きで何に化けてもよいので、多くのヴァラエティが出来る。霊物の霊力よりも人間の智恵の方が勝つというのが、昔話の世俗性、人間性であるが、合理的で笑話風になってしまうところは、霊物怪異談の神秘性の喪失ということができよう。すなわち、鬼や山姥に喰われようとするところまでが「神話の世界」であった。また、鬼一口から助かるのに神や仏の加護によるというのが、神仏霊験談すなわち「縁起の世界」である。

鬼一口のモチーフをのこした昔話は「一寸法師《いっすんぼうし》」や「大江山《おおえやま》」「安達ケ原《あだちがはら》」「茨木童子《いばらきどうじ》」などであるが、一寸法師では、鬼に呑《の》まれた一寸法師は手に持った針で鬼の腹中を突いてまわる。一寸法師の方から鬼の口に飛び込んだと語るものもあるが、鬼一口のモチーフからいえば、鬼に呑まれたというのが古いのである。そして一寸法師が親の許《もと》を出るとき、お椀《わん》の船と箸《はし》の櫂《かい》と針の刀をもらって出るのは、鬼一口から助かって、逆に幸運をつかむための伏線をなしている。このような話の構成には、神話の少彦名命《すくなびこなのみこと》のような「小さ子」の神性と知恵のモチーフや「京上り《きょうのぼ》」という田舎人の願望のモチーフ、美と高貴なる婚姻という「幸運」のモチーフのほかに、「鬼一口」のモチーフが必要であった。またその上に隠れ笠、隠れ蓑、打出小槌《うちでのこづち》という、「鬼の宝物」というファクターも加わって、あの単純な「一寸法師」ができるのである。

もちろんこの昔話は中世にお伽草子《とぎぞうし》の『一寸法師』として成立したものである。そしてこのお伽草子は住吉《すみよし》明神の利生の縁起として語られたものであるが、姫君と共に流れ着いた島には鬼がおって、一寸法師を呑み込んでしまう。

一寸ぼうしは、おに《(鬼)》にのま《(呑)》れては、め《(目)》よりいでゝとびありきければ、おに《(鬼)》もおぢ《(怖)》をのき《(戦)》て、「是はただものならず、ただぢごく《(地獄)》にらん《(乱)》こそいできたれ。ただにげ《(逃)》よ」といふままに、うちでのこづち《(打出の小槌)》、つえ、しもつ《(笞)》、なににいたるまでうち捨て、ごくらくじやうど《(極楽浄土)》のいぬゐ《(乾)》の、いかにもくらきところへ、やうやうにげ《(逃)》にけり。

この『一寸法師』に似たお伽草子に『小男のさうし』というものがあるが、この方は、丈《たけ》一尺の小男が清水寺《きよみずでら》で姫君を見初め、歌を詠んで姫君の愛を得たという話で、鬼も出なければ打出小槌もない。したがって小男のままで姫君と夫婦になり、やがて五条《ごじょう》の天神と現れたという話である。『一寸法師』とはちがう系統とおもわれるけれども、清水寺を舞台にして鬼と出会うのは『小男のさうし』との混合であろう。

また、「一寸法師」と同系統の昔話には「一寸太郎」とか「拇指《おやゆび》太郎」とか「五分次郎」などがあるが、いずれも鬼ケ《おにが》島《しま》征伐に行って鬼に呑まれ、腹の中で針をもって暴れて、宝物を持って帰るという幸運談になっている。

二　「大江山」の鬼と童子

鬼が人を食べるという話は、古代にも中世にも多かったらしいが、これは鬼という霊物を真剣に恐れた時代だったからである。「大江山」や「安達ケ原」はそのような時代の所産であって、仮に謡曲「大江山」を見ても、

　えいや〳〵と組むとぞ見えしが、頼光下に組み伏せられて、鬼一口に食はんとするを、頼光下より刀を抜いて、二刀三刀《ふたがたなみかたな》刺し通し刺し通し、（下略）

とあり、「安達ケ原」では、

　野風山風吹き落ちて、鳴神稲妻天地に満ちて、空かき曇る雨の夜の、鬼一口に食はんとて、歩みよる足音、ふりあぐる鉄杖のいきほひ、あたりを払って恐ろしや。

という風に「鬼一口」がもちいられている。

ただ「大江山」の鬼は酒呑童子《しゅてんどうじ》で、お伽草子も「酒呑童子」または「酒顚童子」となっている。ここで鬼をなぜ童子とよぶかが問題となるが、謡曲「大江山」では、

　童子もさすが山育《やまそだち》、さても童形の御身なれば、憐み給へ、神だにも、一児二《いちちごに》山王《さんのう》

『酒伝童子絵巻』（国際日本文化研究センター蔵）

と立て給ふは、神を《（も）》避くる由ぞかし、御身（源頼光《みなもとのよりみつ》）は客僧（山伏）、我は童形の身なれば、などか憐み給はざらん。

とあり、酒呑童子は山（比叡山《ひえいざん》）で育ったことが語られている。これは鬼と仏教の関係を考える上で重要な点であるが、従来は仏教からも文学からも民俗学からも、まったく注目されていない。そこで宗教民俗学的な考察を加えておけば、さきにのべたように、山神を鬼とする宗教概念があったことを、ここで再確認しておく必要がある。この仮説は「鬼むかし」や「鬼一口」の昔話を解く上の重要な鍵《かぎ》、と私は信じている。

すなわち比叡山や高野山《こうやさん》、大峯山《おおみねさん》などの山神は、伝教《でんぎょう》大師や弘法《こうぼう》大師、役行者《えんのぎょうじゃ》の開山以前から先住していたのである。のちにのべる鞍馬山《くらまやま》にも延暦《えんりゃく》十五年（七九六）以前の縁起には、山神の鬼がおったことがのべられており、今も奥之院《おくのいん》の「魔王尊《まおうそん》」として、絶大な信仰をあつめている。ところが高僧や行者がその山を開いて伽藍《がらん》や神社を建てると、仏法の守護神すなわち「護法善神」となって、僧侶《そうりょ》の身辺の守護霊であるとともに使役霊になってしまったものと、私はかんがえている。

この観念構造で、役行者の従者に前鬼《ぜんき》・後鬼《ごき》という二人の鬼、または五鬼《ごき》という五人の鬼があって、その子孫が前鬼（上北山村前鬼）と後鬼（天川《てんかわ》村洞川《どろがわ》）の山伏村をつくってきたと信じられている。また前鬼の村は五鬼の子孫であって、五鬼熊《ぐま》、五鬼童《どう》、五鬼上《じょう》、五鬼継《つぐ》、五鬼助《じょ》が、不《ふ》動坊《どうぼう》、行者坊、中之坊、森本坊、小《お》仲坊《なかぼう》の先祖であるという。おなじように比叡山の各所にも多数の山神（山王）が先住していたが、伝教

役行者像（奈良国立博物館蔵、ColBase（https://colbase.nich.go.jp/））

大師の開山で守護霊となったり、それに甘んじない山神は他の山へ移ったとおもわれたらしい。その一山神が丹波《たんば》の大江山に移って酒呑童子になった、という伝承があったことは謡曲「大江山」でわかるのである。

このような宗教民俗学の伝承分析がなければ、謡曲の「一児二山王と立て給ふは、神を避《も》くる由ぞかし」という文章は理解できない。酒呑童子という鬼が、もと比叡山に住んでいたことについては、

われ比叡の山を重代《（代々）》の住家とし、年月を送りしに、大師坊《だいしぼう》（伝教大師）と云ふえせ《（似非）》人、嶺には根本中堂を建て、麓に七社の霊神（日吉《ひえ》山王《さんのう》社）を斎《いは》ひし無念さに、一夜に三十余丈の楠となって奇瑞を見せし処に、大師坊一首の歌に、阿耨多《あのくた》羅三藐三菩提《らさんみゃくさんぼだい》の仏たち、我が立つ杣《そま》に冥加あらせ給へとありしかば、仏たちも大師坊にかたら《（騙）》はされ、出でよ〳〵と責め給へば、力なくして重代の比叡のお山を出でしなり。

とあり、酒呑童子は伝教大師と仏教に服属することを快しとしない不満分子であった。そこで九州の彦山《ひこさん》、伯耆《ほうき》の大山《だいせん》、白山《はくさん》、立山《たてやま》、富士《ふじ》とめぐって、都に近い大江山に籠《こも》ったという。

このような比叡山の隠れた歴史は、昔話や、それをもとにした謡曲がなければ、文献にはあらわれてこない。しかもこの伝承は、酒呑童子が山神の化身ながらも、比叡

山の稚児《ちご》（童子）として、僧侶の従者をつとめていたことも物語っている。鬼が童形の稚児であったことは「鬼一口」と「鬼啖い」に関係してくるが、比叡山でも山伏の世界でも、稚児は山神の化身と信じられていたらしい。これが「一児二山王と立て給ふ」の意で、山王の神々も稚児には及ばないというのである。「神を避くるよしぞかし」は「神も（稚児を）避くるよしぞかし」でなければ文章の意をなさない。

それではなぜ童形の稚児が山神（鬼）の化身とされるかといえば、それは、日本の巫道《シャーマニズム》では稚児が神の尸童《よりわら》になることが多いからである。ことに山岳宗教の託宣は、稚児を尸童として山神をこれに憑《つ》ける「神憑け」をおこない、その口から神意をきく。これをしめす祭文《さいもん》が三河《みかわ》花祭文にあって、稚児（中座）を中に坐《すわ》らせておいて、山伏（聖）がそのまわりを巡って神憑けすることが歌われている。

聖はまことの　経ひじり
袈裟をば肩に　かいかけて
蓮華の花を　笠にきて
夜は岩屋に　只一人
朝は日の出の　行をする
神の稚児《わかご》を　中に置き
めぐり〳〵てせしおとす

「せし」は宣辞《せじ》で、託宣のことであろうし、「とす」は「問ふ」の意味がわからなくなって、訛《なま》ったものとおもう。尸童（護法実《ごほうざね》）を中に置いて、そのまわりをめぐることによって、神憑け（護法憑け）をして託宣をきく行事は、いまも美作《みまさか》地方の「護法跳び」にのこっている。このようにして、山神と鬼と童子（稚児）の三重像で「大江山」の酒呑童子は構成されている。あまり複雑怪奇なので、外国から日本海岸に漂流した巨体の紅毛人《こうもうじん》で、人の血を呑むといわれたのは葡萄酒《ぶどうしゅ》だろうというような俗説が、一般に横行している。また酒呑童子はもと「伊吹《いぶき》童子」であったという異伝もあったりするが、「酒呑」というのは、比叡山で禁戒の酒を好んで呑んだ稚児が山を追放された、というような話も一方にはあったのであろう。

三　人を食べる鬼

「鬼一口」を解決するために廻《まわ》り道をして、鬼を童子と称する理由を私なりに説明を加えたが、これは童子の「鬼喰い」をあきらかにするのに必要だからである。しかしその前に、鬼はなぜ人を食べるのかということから説明しなければならない。よく人口に膾炙《かいしゃ》した童謡では、

むかし丹波の　大江山

鬼ども多く　こもりいて
都に出ては　人を喰い
金銀珊瑚　盗みゆく

とうたって、大江山の鬼は人を喰うことで有名である。ただお伽草子の『酒呑童子』(渋川本《しぶかわ》)は、「鬼一口」ではおそろしすぎるので、人を攫《さら》うこととし、「近国他国の者迄も数をも知らずとりて行。都の内にてとる人は、みめよき女房の十七八を頭として、是もあまたとりて行く」となった。

それにしても、猛獣のいない日本で、人間が鬼に食べられてしまうというモチーフは不思議である。そのオリジンを神話にもとめてみると、古風土記の『出雲風土記』(大原《おおはら》郡阿用《あよ》の郷《さと》)に、「目一つの鬼」が百姓を食べたとあり、奈良時代にはこの伝承が実在した。

古老伝へて云へらく、昔、或る人この処の山田を佃《つく》りて守りき。その時、目一つの鬼来て、佃《たつく》る人の男を食ひき。その時、男の父母、竹原の中に隠れて居りき。時に竹の葉動《あよ》けり。その時、食はえし男、動々《あよあよ》と云ひき。故《かれ》、阿欲《あよ》といふ。

という地名起源神話であるが、鬼が人を喰うという宗教概念がなければ成立しない神話である。これ一つだけならば偶然ともいえようが、おなじ奈良時代の『日本霊異記』(中巻第三十三話)にも、さきにあげた「女人悪鬼に点ぜ見《ら》れて、食噉《くら》は所《る》る縁」

がある。この方では、頭と指一本が残っていたというのは、全く跡方もなかったのではは人が信じないので、話に現実性を与えるために食べ残しをおいたまでである。

のちにのべるように、日本の説話には「鬼一口」型が実に多いが、これは鬼に動物的な暴悪性を付与するとともに、もっとも残酷な殺し方を語ろうとしたのだとおもう。そこには仏教に付随した地獄の牛頭馬頭《ごずめず》や羅刹鬼《らせつき》が影響したかもしれないけれども、目に見えぬ死霊の幽鬼への恐怖がもっとも大きかったことをしめすものであろう。これを柳田《やなぎた》民俗学風に常識の次元で合理的解釈をしようとすれば、精神異常者が山中で失踪したのを、鬼に喰われてしまったと思った、といえないことはない。しかしその場合も、山中の鬼が人を喰うという宗教概念が先行しなければ、失踪説も成立しないのである。

そこで『出雲風土記』の「目一つの鬼」であるが、これは「一目小僧」でもわかるように、山神の形象化である。古風土記の『播磨風土記』(託賀《たが》郡賀眉《かみ》里)にも「天目一の命」があって、大海《おおみ》山の山神とかんがえられるが、一目一足の神というのは、山中に「一本だたら」の怪物談が多いように、山神の姿であった。これは一本の棒を立てて、これに一目の怪物を書いて山神として祀《まつ》ったことから転じたのであろう。案山《かか》子《し》も、山の神が田に下りて田を守る一目一足の姿であるために「案山」の文字が宛てられたとおもわれる。比叡山では総持院《そうじいん》の大傘のように傘を山神の化身とする伝承があるのもそのためで、傘の化物という発想は、山神の一目一足から出たものである。このように鬼の原質が山神山霊であることが、鬼が山に籠るという概念のもとであった。

四　『鞍馬寺縁起』の鬼神

「目一つの鬼」という観念は山神から出たもので、山神は鬼として表象されるとともに、山姥とか山爺（山父）、山男、天邪鬼《あまのじゃく》などとして昔話に出てくる。このような山神としての鬼が人を食べようとした話は、仏教の縁起談としては、『扶桑略記』が延暦十五年（七九六）の条に出す『鞍馬寺縁起』にある。これなどは、神話の人を喰う鬼が寺社縁起にもちこまれて、それから助かるのは神や仏のお蔭《かげ》であった、という霊験談に転じた例である。これがもう一転すると、大江山のように人を喰う鬼から助かるのは勇士の武勇や知略による、という人間中心の昔話になるのである。

『鞍馬寺縁起』は『扶桑略記』に載っているので、すくなくも十一世紀末にはできていたことは確かであるが、私は、延暦十五年ということはできないにしても、十世紀初頭ぐらいには成立していたとおもう。これはいま鞍馬寺の奥之院にまつわる魔王尊大権現を鬼として語ったものである。魔王尊はのちに天狗とかんがえられるようになるけれども、すでにのべたように、山神は鬼とも天狗とも山姥とも語られたことがわかる。

この縁起は二つの部分から成っていて、前半は、造東寺《とうじ》長官藤原伊勢人《ふじわらのいせんど》が観音を信仰し、観音をまつるよき寺地をさがしていると、夢で貴船《きぶね》明神から京都の北山《きたやま》を教えられ、馬を歩かせて行くと霊地があって、そこに毗沙門天《びしゃもんてん》像が落ちていた。そこで伊勢人は鞍馬寺本願となって、毗沙門天堂と観音堂を建てたというのである。そして縁起の後半では、この山中で一修行者がそのお堂の側で焚火《たきび》をしていると、鬼神が出てきて、この修行者を食べようとした、とあり、ここに鬼一口のモチーフが使われている。

修行の禅僧、堂羽に来宿し、夜暗を破りて火薪を敲く。夜、参半に及び、鬼神出で来る。其の形、女に類す。火に対して居る。禅僧恐畏す。鉄杖を焼いて鬼の胸を衝く。忽焉《たちまち》に逃げ去る。即ち西谷の朽木の下に隠る。鬼即ち近づき来り、口を開いて噉《くら》はんと欲す。時に禅僧、毗沙門を念ずれば、朽木忽ちに顚《たふ》れて、悪鬼を打ち殺す。天王の威力霊験、掲焉《けちえん》たり。

寺社縁起ではその山にすでにまつられていた山神は、仏教的開山の高僧や山伏に降参してその山を譲り、その山の守護神（護法善神）になったり、高僧の従者（金剛童子）になったりする。またその山神をまつっていた山民や狩人は、その山の雑役者

（承仕《しょうじ》、行人《ぎょうにん》）になってしまう。これは山岳宗教の縁起に共通したタイプであるが、『鞍馬寺縁起』では、この山神の鬼を奥之院に祀ったことは書いていない。しかし庶民信仰ではこの魔王尊の方に強烈な信者があって、ここに徹夜参籠《さんろう》するものが今に絶えないので、寺としても粗末にはできないのである。

ところで、この縁起を多くの山の縁起と類比して解釈すると、次のようになる。すなわち「修行の禅僧」というのは、まだ禅宗《ぜんしゅう》の渡らない時代なので、山林禅定をする修行者（山伏）、すなわち優婆塞禅師のことで、本来は山神に奉仕する「ひじり」である。このような修行者は、山神を祀るのに不滅の聖火を焚くので、燧《ひうち》石を敲《たた》いて薪を焚いた、というのが「火薪を敲く」である。その聖火は山神の霊のシンボルだから、そこに山神が出現するということを、鬼神の出現として語ったもので、この鬼神が女性だというのは、山神の女性神、山姥でもあったわけである。

しかし寺社縁起では、山神は暴悪なものだから、素直にはその山を開山の高僧に譲らないことがあるので、行力の験競《げんくらべ》や葛藤《かっとう》があって、山神が高僧に負けたという筋のものもすくなくない。これは鬼が山神、山霊の化身であるという観念がうすれた段階でおこるものである。それでは鞍馬山では、修行の禅僧と語られた開山の峯延《ぶえん》が、鬼神と錫杖《しゃくじょう》で戦ったが、勝てないので逃げて西谷の朽木の下に隠れた。西谷というのはのちの僧正ケ谷《そうじょうがたに》で、今の奥之院魔王尊のまつられている所である。そこで峯延は今にも鬼に喰われようとするところを、毗沙門天を念ずると、朽木が倒れてきて助かったというのである。これは、毗沙門天の威力霊験をかたるために、山神をひどい悪者に仕立てたのであるが、庶民の方は魔王尊がこの山の山神であることを忘れなかったので、この方の威神力を信じて信仰してきたということができよう。

五　山姥問答

『鞍馬寺縁起』の鬼神が山姥であった縁起は、「山姥問答」というタイプの昔話になる。私がここに『鞍馬寺縁起』を出したのは、このタイプの昔話のオリジンが縁起にあることを示そうとするためである。「山姥問答」はもっと細分すると「山姥と炭焼」や「山姥と桶屋《おけや》」「山姥と石餅」などという話になる。

昔話の筋は、炭焼または猟師、あるいは桶屋が山の中で焚火をしていると、その向こうに山姥があらわれて火にあたる。縁起の禅僧が炭焼や猟師におきかえられたものであることは、誰にでもわかる。桶屋がこれに加わったのは、箍《たが》が話のファクターに必要だったからである。そこで炭焼は何とかして逃げようとするのだが、自分の考えることをすっかり言いあてられるので、足がすくんで逃げることができない。暗号をすっかり解読されて動きのとれない艦隊のようなものである。まず「山姥は恐ろしい」と思うと、山姥は「お前は山姥は恐ろしいと思ったな」と言いあてる。「山姥に喰われるのではないか」と思うと、「お前は山姥に喰われるのではないかと思ったな」と言いあてる。「どうしたらここから逃げられようか」と思うと、「お前はどうしたらここから逃げられようかと思ったな」と言いあてる。もうこれで絶体絶命と思ったとき、焚火の傍にあったワッカ（輪かんじき）、もしくは炭俵の蓋《ふた》や底にする木の枝の輪、あるいは箍が火にあぶられてパッと爆《は》ぜた拍子に、火の粉を山姥の顔に飛ばした。すると山姥は、「人間というものは思わぬ事をするものだ。これでは何をされるか分らない」といって立ち去った、という話である。

これは、『鞍馬寺縁起』のような縁起の神仏の威神力を、竹や木の輪の弾力の偶発性に置き代えたもので、話者の機智でできた話であろうが、昔話というのは宗教性を人間性や物質的合理性に置き代えて成立したものである。有難い話から面白い話へ転換したのである。これは多く南北朝《なんぼくちょう》から室町《むろまち》時代におこりはじめて、江戸《えど》時代に成長したものとおもわれる。『異制庭訓往来《いせいていきんおうらい》』という南北朝から室町初期の成立とかんがえられる本には、遊戯や童戯の中に、「祖父祖母之物語」が出るが、私はこれは「ぢぢばばの物語」と読んで、昔話を指したのだろうとおもう。

祖父祖母之物語、目比《にらめっこ》、頸引《くびひき》、膝挟《ひざすもう》、指引《ゆびひき》、腕推《うでずもう》、指抓《ゆびすもう》

と出てくるので、「ぢぢばば」の語る昔話であり、また「ぢぢばば」を主人公とする

昔話だったにちがいない。そしてこれは子供の娯楽の一つであった。そのとき「ぢぢばば」は、孫に神仏の霊験を説いてもしかたがないので、機智をはたらかせて、人間の能力の勝利を語ったのが昔話であろう。

この場合にワッカ（輪かんじき）という発想が出ると、炭俵の蓋の輪や箍の輪という風に発展していったが、途中で、ワッカをワッパとまちがえたために「さとりのワッパ」という一群の昔話ができてしまう場合もある。このように、昔話はその根源から分岐する支脈をたどらないと、どうしてこんなに他愛ない話ができたのだろう、と訝《いぶか》しむようなことになるものである。昔話の採集はすすむけれども、その厖大《ぼうだい》な量の昔話の体系や分類はすこぶるおくれている。これは昔話を神話、縁起にさかのぼることによって、その歴史的発展を研究する者がなかったためであろう。昔話の根源にさかのぼってゆけば、記録文献には記載されない民族精神の深奥や、民族宗教の諸概念を覗《のぞ》くことができるものと私はかんがえて、宗教民俗学の主要な分野の一つとしている。

それでちょっと横道ではあるが、「さとりのワッパ」に触れておくことにしよう。この話では山神の鬼は天狗に置き代えられているが、話の筋は柳田国男《くにお》翁編の『日本昔話名彙』の「さとりのわっぱ」の説明が要領がよいので、引用することにする。

早く心学の資料となっているが、もとはこれも昔話であろう。昔、男があった。

山奥へ炭焼きに行って、薪を集めて来て焼いていた。親爺《(男)》は深い山中に一人でいることが薄気味悪くなってきて、「恐いもんが出なけりゃよいが」と思った。するとどこからか「恐いもんが出なけりゃよいが」という声がして天狗が出て来た。親爺は恐くて恐くて「どうやって逃げたらいいか」と思っていると天狗はまた「どうやって逃げたらいいか」といって親爺の思っていることを皆言いあてる。それで親爺はもうぼんやりしてしまった。その時親爺の持っていた牛の鼻づる木が弾けて火をとばして天狗にかかった。天狗は「人間とは思わぬことをするものだ」と言い残して向うへ行ってしまった。

——兵庫県城崎《きのさき》郡三椒《さんしょ》村（現・豊岡《とよおか》市竹野《たけの》町）——

この採録はまことに要領がよいが、「さとりのわっぱ」といいながら「わっぱ」の説明がない。『日本昔話名彙』の出た三十数年前の昭和二十三年には、これで通っていたのである。しかし「童子」と天狗と鬼と山神の関係については、私はさきにも書いたので、ここで繰返そうとはおもわない。しかし柳田翁は、ワッパを「牛の鼻づる木」の輪のことと思ったらしいけれども、これはワッカであってワッパではない。実にワッパは童子（わらは）のことであり、寺院の雑役をする堂衆（山伏）階級としては、天狗と同一なのである。ワッカとワッパをまちがえるととんだことになる。すなわち「さとりのわっぱ」は何でも人の心を読み取る童子、または天狗ということである。これが分らなくなって「サトリという山の獣の話」(『越佐叢書』六―五二)というように、とんでもない方へ逸脱してしまうのである。しかしそれでも通っていたのが、従来の昔話研究のレベルであった。

六　童子と山姥

鬼と天狗の関係はまた後で詳しくのべなければならないが、ここでは、鬼や天狗や山姥がどうして人の心を読むのか、ということにだけ話をしぼっておこうとおもう。さきにものべたように、鬼も天狗も日本の庶民信仰としては、山神もしくは祖霊の形象化としてあらわれる場合が多い。その他いろいろの場合もあるけれども、その原質はここにあるといえるであろう。天狗が猿田彦《さるだひこ》と習合したり、山伏と一体化したり、烏《からす》天狗と鼻高天狗の面で芸能化する場合もあるが、山神が高僧や山伏の従者になったときは童子になる。『古事談』(巻三)の「浄蔵の飛鉢を天童取る事」などに見るように、それは鼻も高くない天童子で、そのような童子形の天狗は平安時代、大治《たいじ》五年(一一三〇)銘の彫刻として、国東《くにさき》半島の修験寺院(今は天台《てんだい》宗)だった屋山《ややま》長安寺《ちょうあんじ》にのこっている。「太郎天《たろうてん》」とよばれるこの山の天狗であるといい、美しい唐風装束に美豆良《みずら》の童子形である。これは山神が護法童子となった姿で、『信貴山《しぎさん》縁起』の有名な「剣の護法童子」も童子形で命蓮聖《みようれん》に使役されるのである。

したがって、「さとりのワッパ」は、山神の化身である童子が、人のかんがえたことをよく読むということを説話化したものであるが、現存の昔話の「さとりのワッパ」では、山神を「山童《やまわろ》」とする話があるほかは、ほとんど天狗や山姥、または「さとりという化物」となっている。しかし「さとりのワッパ」という説話名が伝えられているからには、童子形の天狗や鬼がよく人の心を読んだという話や儀礼があったのであろう。その儀礼としてかんがえられるのは、さきにものべた、童子を尸童《よりわら》として託宣を聞く巫道《シャーマニズム》であって、「黙って座ればピタリと当てる」ように、尸童がその願主の過去と未来を言いあてたものとおもわれる。また、山神は人々の願い事をよく読むことが出来ると信じられたから、言葉に出さなくとも、心に念ずれば願いが通ずるとしたのである。

ところで昔話「山姥問答」の中の「山姥と石餅」も、実は寺社縁起の中にある。昔話の「山姥と石餅」は、山姥が子守に化けてきて子供を預り、その子供を食べてしまう。「鬼一口」の山姥化である。その親は仇《かたき》を討つために、河原の丸い石をとってきて焼いて、餅といつわって食わせる。山姥が、熱くて咽喉《のど》が渇くというので油を飲ませると、焼石餅の熱のために腹の中で燃え上って死ぬという筋である。この類話は福島県と静岡県、和歌山県、高知県、長崎県などにあるが、寺社縁起としては伯耆の

『大山寺縁起』（巻下）に出てくる。この縁起は応永《おうえい》五年（一三九八）に絵巻物になったものであるけれども、詞書《ことばがき》の洞明院《どうみょういん》本は鎌倉《かまくら》時代末期までさかのぼると推定される。その中に「山姥と焼石餅」があるので、もっと古い原話があるのであろう。

この縁起では、伯耆大山の開創の発祥をなす「馬頭《めず》の岩屋」におそろしい優婆《うば》（または優婆夷《うばい》）がおり、山伏が柴燈《さいとう》の火を焚いているところに、夜中に出てきて胸を焙《あぶ》っていた。柴燈の火というのは柴燈護摩《ごま》ではなくて、斎燈《さいとう》（忌火）という聖火のことである。したがってそこに女性形の山神が出現したということであるが、これを鬼女視するようになった段階の縁起なので、験力の高い大山寺南光院《なんこういん》の種智金剛房という大先達が、焼石餅を優婆に呑ませた上、油を飲ませて焼殺した話になっている。すなわち、山伏の験力と知恵によって山姥を退治したという話である。

焼きたる石の丸なるを一反《ぺん》加持して、此の餅こそ胸の薬よとてなげやらる。左右《さう》無く取って呑む。（中略）其の後餅にはあめ（飴）こそよけれとて、大き成るかなまり（金椀）に油を入れさしつかはす。鬼女是を取ってずとのむ。口より焔を出しければ、高《かう》声《じゃう》に火界の咒《しゅ》を誦して念珠《ねんじゅ》を磨り給ひければ、（下略）

と、修験道的に潤色されているが、これが「山姥と石餅」と同じ話源から出ていることは疑いがない。そして伯耆大山の開創縁起では、山神は金の狼として美保《みほ》の浦から出現し、この山に猟師依道《よりみち》を誘引して、馬頭の岩屋で地蔵菩薩（大智明権現《だいちみょう》）とあらわれ、また変化《へんげ》して老尼（登攬尼）となったとある。この山神の変じた老尼が、ここでは山姥の鬼女としてかたられたのである。

このように見ると、「山姥と炭焼」「山姥と桶屋」「山姥と石餅」という「山姥問答」型の昔話は、そのもとが「さとりのワッパ」にあり、もう一段遡《さかのぼ》れば『鞍馬寺縁起』や『大山寺縁起』になり、その根源には山神のために聖火を焚くという山岳宗教の儀礼があったことがわかる。これに「鬼一口」のモチーフが加わることによって、いろいろのタイプの縁起談や昔話が派生したのである。このような派生説話は、山神、山霊の神観念の変化に対応して出来上ったものであることは、一々の昔話を検討すればあきらかにすることができよう。

安達ヶ原の鬼婆

一　安達ヶ原と「あだし野」

「鬼一口」の昔話には、鬼婆《おにばば》とか鬼女とか山姥《やまんば》という女性の鬼の話が多い。すでにあげた『大山寺縁起』(応永五年)の優婆《うば》または優婆夷《うばい》というのも山姥か鬼婆だったが、安達ヶ原の鬼婆は人を食べる鬼として代表的なものである。謡曲「安達原」(宝生《ほうしょう》流、金春《こんぱる》流、喜多《きた》流では「黒塚《くろづか》」)でも、

野風山風吹き落ちて、鳴神稲妻天地に満ちて、空かき曇る雨の夜の、鬼一口に食はんとて、歩みよる足音、ふりあぐる鉄杖のいきほひ、あたりを払って恐ろしや。

と、すごい描写をしている。そして、この鬼女が覗《のぞ》き見るなといった閨《ねや》の中には、食べられた人間の死骸が数知れず積みあげられていた、とある。

ふしぎや主の閨の内を、物の隙よりよく見れば、人の死骸は数しらず、軒とひとしく積み置きたり。膿血《のうけつ》忽ち融滌《ゆうでき》し、臭穢《しうゑ》は満ちて膨脹《ばうちゃう》し、膚膩《ふに》ことごく爛壊《らんゑ》

『餓鬼草紙』部分（東京国立博物館蔵、ColBase（https://colbase.nich.go.jp/））

せり。いかさまこれは音に聞く、安達が原の黒塚に、籠《こも》れる鬼の住所《すみか》なり。

このような安達ヶ原の「黒塚」の描写は、平安末期に描かれた『餓鬼草紙』の、鳥辺野《とりべの》といわれる葬場の風葬のありさまを思わせるものがある。そうすると、そこで死体を食い漁《あさ》るのは、曠野《こうや》鬼《き》とか冢間《ちょうげん》鬼と名づけられた餓鬼ではないかとおもわれてくる。事実、平安時代までは広い原っぱに風葬死骸が遺棄されていて、鬼の出そうな曠野古原《こげん》（葬地）が到るところにあったのである。非常に信憑性《しんぴょうせい》の高い『空《くう》也誄《やるい》』には、空也がそのような風葬地の死骸をあつめて火葬に付した事績《じせき》が述べられている。

曠野古原に若し委（遺）骸有れば、之を一処に堆《つ》みて、油を灌《そそ》いで焼き、阿弥陀仏名を留む。

とあるのがそれで、安達ヶ原の光景は日本中どこでも見られたものとかんがえてよい。そのような背景の中から鬼婆の昔話は生まれてきたのである。

謡曲「安達原」はその背景とはなれて、陸奥《みちのく》の安達ヶ原には鬼が住むことをうたった歌をモチーフにしてつくられた。

みちのくの　安達が原の　黒塚に
　鬼こもれりと　聞くはまことか

そしてこの鬼に出会って危く食べられようとしたのは、熊野《くまの》の那智《なち》東光坊《とうこうぼう》の阿闍梨《あじやり》祐慶《ゆうけい》一行で、「捨身抖擻《しやしんとそう》の行体《ぎやうてい》は、山伏修行の便なり。熊野《ゆや》の順礼回国は、皆釈門《しやくもん》の習なり」と陸奥まで来て、安達ヶ原を通りかかると、野中の一軒家に苧《お》を績《う》む老婆が居って、宿を貸そうという。ここで老婆は、山伏を接待するために焚火《たきび》の木を取りに裏山へ出てゆくが、ここにも鬼女と焚火の関係が出てくる。このとき昔話の「見るなの座敷」のモチーフが使われて、閨を見るなというタブーを犯したために危難に遭う。しかし五大明王《ごだいみようおう》と真言の功力《くりき》によって鬼に食われずに済むという筋である。

そうすると、この鬼女の正体は何かという穿鑿《せんさく》をする前に、安達ヶ原という地名を考えてみよう。近世になるとこれは実在の地名で、石城《いわき》の安達嶺《あだちね》（安達太良《あだたら》山、安達太郎山）の裾野《すその》だといわれるようになり、大平《おおだいら》村（現・二本松《にほんまつ》市安達《あだち》町）に黒塚の旧蹟もつくられた。しかし『観蹟聞老志』などは、「あだし原」は陸奥にも大和にもあるといって、『夫木集』の家長朝臣《いえながあそん》の歌をあげている。

あだしはらを　たのむにもあらず　あだし野の

あだに結べる　露の契りは

しかし「あだちはら」は「あだしはら」のことだとは言ってないのは、「あだしはら」がいかなるものかわからなかったためとおもう。私は大和の「あだし原」はどこにあるか知らないが（ことによるとこれは三輪山《みわやま》の山中の「むくろ谷」かもしれない）、京都には「あだし野」（化野）があり、嵯峨《さが》の化野念仏寺《ねんぶつじ》の数千基の五輪塔はこのあたりに散在した石塔を一か所に集めたものだという。奥嵯峨は愛宕《あたご》山の山麓《さんろく》に広がった葬所の南端で、今の嵯峨清涼寺は愛宕山を山号としていた。愛宕山麓に母の遺骸を棺《ひつぎ》に入れて石の上に置き、三年間風葬した話は、『宇治拾遺物語』（巻二）の「清徳聖《せいとくひじり》

化野念仏寺（京都市嵯峨）

奇特の事」に出る。ここに空也の旧蹟として「空也の滝」があるのも、空也が曠野古原の委骸（遺骸）を火葬したことに関係があるであろう。

私は、「あたご山」の「あた」も「あだ」も「空しい」という意味で、人の死と無常をあらわす語とおもう。京都ではまた、東山《ひがしやま》の山麓を「おたぎ」といって愛宕寺《おたぎでら》があったが、宛字が愛宕山とおなじように、「あた」も「おた」もおなじく死の無常をあらわしたものであろう。愛宕寺は平安時代なかごろに、東は珍皇寺《ちんこうじ》（小《お》野篁《ののたかむら》の旧蹟）、西は念仏寺（念仏者千観《せんかん》の旧蹟）に分割され、ともに鳥辺野の死者供養の寺であった。したがって「おたぎ野」も「あだし野」とおなじであり、「安達ヶ原」とおなじ語源ということになる。

二　鬼婆と祖霊と巫女

このように見てくると、安達ヶ原は陸奥ならずともどこにでもある、死者を棄てた葬所の「あだし原」であった。したがって、そこには成仏しない死者の霊が彷徨《ほうこう》していると信じられ、これが鬼であった。『餓鬼草紙』に描かれた、鳥辺野の風葬死体のあいだを彷徨する餓鬼は、仏教に説く餓鬼道の餓鬼の形をとっているが、日本人の霊鬼観念（デーモニズム）を形象化したもので、鬼の原像である。「おに」に中国の死者の霊をあらわす「鬼《き》」をあてたのは、日本人がもと死者の霊を「おに」と信じ、これを怖れたからであった。中国ではその鬼に二種あるとおもい、死とともに死体から遊離する霊を「魂《こん》」とし、死体が消えてしまうまで離れない霊を「魄《はく》」とした。墓場や戦場にはそのような魂魄が悲しみ慟哭《どうこく》しているというので、「鬼哭啾々《きこくしゅうしゅう》」という。

安達ヶ原に鬼女が居るという昔話の根源は、「あだし原」に死霊が彷徨していて、そこを通る者に取り憑《つ》いて害するという恐怖観念にほかならない。この霊魂観念と恐怖観念が「鬼一口」という昔話のモチーフを生んだのである。すなわち、死霊は生前怨恨を持った者を取り殺すと信じていたもので、『源氏物語』の「葵上《あおいのうえ》」などでは、六条御息所《ろくじょうのみやすんどころ》の生霊《いきりょう》でさえも葵上を取り殺してしまう。死霊がそれ以上に怖れられたのは当然であろう。

それでは、そのような死霊がどうして鬼女として表現されたか、という問題がある。鬼一口の昔話の半分ぐらいは鬼女か鬼婆か山姥であるが、これは男と女は同数だとか、女の性《さが》をあらわしたとかの穿《うが》ったような世間話では、その答にはならない。とくに山姥は「山の神」の形象化されたもので、山岳宗教の研究の現段階では、山神はその山の麓《ふもと》の民の死者の霊が山中他界にあつまり、その始祖にあたる霊が山神として崇拝もされ、怖れられもしたと推定されている。すなわち、祖霊はいつも子孫をいつくしむという恩寵《おんちょう》的な面とともに、子孫を警《いまし》めるという恐怖的な面をもつ。その恐怖的な面が強調され、仏教のもたらした羅刹鬼《らせつき》や牛頭馬頭鬼《ごずめずき》、あるいは餓鬼《プレータ》などの姿で形象化されると、ますます恐ろしい存在になったのである。しかし日本人は、「おに」は目に見えないけれども、人を害する「ものの気《け》」なので、「隠《おん》」の字を宛て、これが「おに」とよばれたのであろう、という語源論が優勢である。

その上、この山神的な鬼は、始祖霊としては女性で表現される。これも原始古代の母系社会の表現で、天皇家が天照大神《あまてらすおおみかみ》を始祖とするのとおなじだろうといわれるが、私は、死霊が祖霊として崇拝され、始祖霊として祀《まつ》られるとともに、子孫をいつくしむ慈悲恩寵の面が女性にふさわしくなるからだとおもう。しかし昔話や仏教の唱導説話では、そのような中途半端な性格では面白い話にならないので、徹底的に恐怖性を強調し、人間を食べてしまうという物凄《ものすご》い人食鬼をつくりあげてしまったのである。

また、死霊と女性の関係は巫道《シャーマニズム》からも来ているであろう。日本人は神や霊と交流し、その意志をうかがって、過去をいましめ未来に対処してきた。このとき巫覡《シャーマン》に神や霊が憑いて、その口を通して意志をかたるが、神は多く男巫に憑き、霊は多くアヅサミコ（梓巫）、イタコ、アガタミコなどの女巫に憑くことが多い。『古今集』（巻二十）の「神あそびのうた」という十三首の歌は神楽歌《かぐらうた》であるが、この中には、アヅサミコが梓弓を鳴らしながら死者の霊を寄せる歌がある。

みちのくの　安達の真弓　わがひかば

するゝさへ寄り来《こ》　しのび〳〵に

とあるのがそれで、ここでは安達原が陸奥にある「あだし原」とおもわれていた。しかしこれより古い宮廷の神楽歌では、

みちのくの　梓の真弓　わがひかば
やう〳〵寄り来　忍び〳〵に

であった。この二首の間に安達原の固定化があったのであろう。

ともあれ、この歌と弓の音で巫女《みこ》に死霊（おに）が乗りうつって、巫女と鬼は一体になるというところに、鬼を女性で表現する一つの動機があったであろう。これらの歌は、いかにも霊によびかけて、人に見つからないようにそっと忍んでおいで、といっているので、このモチーフは念仏踊歌にも取り入れられ、それが盆踊歌などの女が男を誘う恋歌にもなって、霊か男か縹渺《ひょうびょう》として曖昧模糊《あいまいもこ》たる歌になっている。また民間口寄せ巫女の霊寄せの歌には、

寄り人は　いまぞ寄ります　長浜や
葦毛の駒に　手綱よりかけ

というのもあって、これがまた「安達の駒」という和歌の歌枕になってしまう。しかし「あだし原」「あだし野」はどこまでも死霊の俤《おもかげ》がただよっていて、この俤が昔話の世界では鬼女の姿に固定してしまうのである。

三　『華厳縁起』の墓と鬼

墓に鬼が籠るという話または信仰は、日本ばかりでなく中国にも朝鮮にもあったとみえて、手近なところでは高山寺《こうざんじ》蔵の『華厳縁起絵巻』（第一巻）に見える。この絵巻の詞書《ことばがき》は明恵上人《みょうえしょうにん》の手になるものと私は信じているが、その典拠は『宋高僧伝』にある。第一巻の「義湘絵《ぎしょうえ》」といわれるものには、明恵上人の述懐が入っているけれども、新羅国の義湘が仏法をもとめて中国へ旅する途中、墓場で鬼に遭う話は『宋高僧伝』の「新羅国義湘伝」に拠《よ》ったものである。絵巻の詞書の第一段目は欠失しているが、絵には恐ろしい一本角の赤鬼が義湘と元暁《がんぎょう》の寝ている墓穴の前に出現したところが描かれている。

これは、義湘と元暁の二秀才が求法《ぐほう》のために旅をしていると、大雨になった。二人は道の傍の土龕《どがん》（塚穴）に逃げ込んで雨を避けたが、雨は止まないので、その穴で二晩すごすと、次の晩の夜中に鬼があらわれたというのである。

　夜すでにあけ《（明）》てみれば、このつか《（塚）》死人のはか《（墓）》なりけり。骸骨みちみて《（満々）》り。身のけ《（毛）》よだち、おそれおほけれどん《（も）》、あまりに大雨ふりて、ゆくさき《（行方）》すすみ《（進）》かた《（難）》ければ、ちから《（力）》なくて、つぎ《（次）》のよ《（夜）》、又とまりぬ。元暁法師ゆめ《（夢）》のうちに、鬼物におそわれて心やすからずしておどろきぬ。

とあるように、最初の晩は墓と知らなかったから鬼は出なかったが、夜が明けて墓穴と知ってから鬼が出た。聡明《そうめい》な元暁はこれによって、すべての目に見える現象は自分の心《しん》の所作である、と悟ったというのである。

もとより智者なれば、この時に甚深唯識《じんじんゆいしき》の道理に悟入す。昨日はつね《（常）》のつか《（塚）》なりとおもふに心たひら《（平）》かにしておそれなし。今夜は亡人のはか《（墓）》なりとみて、たちまちに鬼物におそ《（襲）》はる。

というのは、仏教の唯心論《ゆいしんろん》を明恵上人が説こうとしたのであるけれども、そこには、墓には鬼が籠っているという庶民信仰、または民族的深層心理の「無意識」が存在したことを物語っている。

昔話というものは、僧侶《そうりょ》やインテリ階級の合理的精神からは生まれてこない。それは民族の心に奥ふかく潜む共通の意識から出てくるもので、これは覚めたときには意識されないから「無意識」と名づけられる。これが意識にあらわれるのは、夢か、無《む》垢《く》な子供の心理か、無知な庶民信仰においてである。昔話もこの無意識の心理から出てくるので、民族宗教や庶民信仰を知る手がかりになるのであるが、墓と鬼の問題は、日本にも朝鮮にも中国にも共通した問題であった。

したがって、昔話の意味というものは、この庶民信仰まで掘りさげなければあきらかにされない。しかし、もとの段階ではきわめて単純な筋であったが、語り手の大人の意識が加わって、いろいろの尾鰭《おひれ》がついてくる。そこには大人の功利心や道徳や愛憎が付加されて、複雑なストーリーができる。また語り手が子供を笑わせようという意図で、とくに歪《ゆが》められるものもあり、誇張や繰り返しの手法ももちいられる。中には、途中で忘れられて破片になるものもある。ある昔話研究団体のあつめた昔話は十五万話にものぼるということであるが、これを系統や型やモチーフで整理して、その原型と意味をあきらかにしなければならない段階に来ているとおもう。

「鬼むかし」という鬼をテーマにする一群の昔話は日本人の霊魂観念を表出したものなので、宗教民俗学的な分析が可能である。しかしこの説話を複雑にしたのは、『華厳縁起』がしめすように、インドや中国の鬼の概念が結合して、日本人の鬼の祖霊的性格を変質させた点にある。しかし文化というものは外来文化と複合して豊かになるので、「鬼むかし」も豊かになったが、その意味をかんがえるときは、どこまでが日本固有の鬼で、どこが外来の要素かということは明らかにしなければならない。とくに仏教と共に入った鬼は、因果応報の唱導説経にこのんで語られた「地獄談」のために、とくに残忍冷酷になった。しかしこれと矛盾する「鬼むかし」も多いのである。そのような中で、墓に住む死霊としての鬼は日本人がもっとも恐れたので、「安達ヶ原」のような鬼女談ができたということができよう。

天邪鬼と瓜子姫

一　天邪鬼の「鬼一口」

鬼を女性として、鬼婆《おにばば》とか鬼女とか山姥《やまんば》、山婆、山母、山女などと語る話があるかとおもうと、天邪鬼《あまのじゃく》とすることもある。鬼女では、安達ヶ原の鬼婆とともに「食わず女房」型の鬼婆も有名である。また「鍛冶屋《かじや》の婆」型の鬼婆もあり、「紅葉狩《もみじがり》」の鬼女も山中の鬼である。また「米福粟福《こめぶくあわぶく》」型の昔話では、山姥とも山女とも語られるし、「天邪鬼と瓜子姫《うりこひめ》」型では山母とも山姥とも天邪鬼ともなる。

したがって昔話の鬼は意外に女性であることが多い。これは、日本人の鬼の原像が山の神であり、その宗教的原質が祖霊であったことに基づくことはすでに述べた。ところで、天邪鬼は仏教説話と混合してつくられた鬼なので、いろいろの性格をもっている。また餓鬼とか牛頭鬼《ごずき》、馬頭鬼《めずき》のような墓地、地獄の鬼も仏教との混合であるが、ことに天邪鬼は記紀神話の「天探女《あめのさぐめ》」と仏教の「捷疾鬼《しょうしつき》」に山神の鬼が習合しているために、複雑な性格でわれわれを困惑させる。このような習合は説経唱導の中でおこなわれたはずで、涅槃《ねはん》講とか菩提《ぼだい》講とか、その他の講会で聞いた話を、老婆などが孫にかたることによって昔話化したのであろうとおもう。私はつねに、日本の昔話というものは、かなりの部分が仏教の唱導説話を媒介として成立したもの、とおもっている。

この場合の唱導説話というのは、現在仏教説話として『今昔物語』以下におさめられた文学だけをさすのでなく、もっと卑俗な説経や笑話として語られながら、文字に記録されなかったものもふくむのである。そのような「記録されざる唱導」はむしろ昔話や伝説の分析から、逆に分ってくるのではないかとおもう。従来の日本の昔話研究が、仏教の関与を無視したのは、片手落ちであった。昔の説経は今の仏典童話のような仏典や本生譚《ほんしょうたん》の直訳でなく、無知な日本人にも子供にも、よく分るようにもどいた話だったであろう。

天邪鬼は「天人女房」という話にも出ている。羽衣《はごろも》型の昔話に七夕が結びついて、天にのぼった天人と、これを妻にした爺が、月一回遭う約束だったのを、その名の通り天邪鬼が意地悪をして、年一回だけ七夕の夜に遭うことにした、などと語られる(長野県上伊那《かみいな》郡『小野村年中行事』)。とにかく天邪鬼は意地悪の代名詞のようになったが、よく人の真似をして人を困らすというのは、山彦《やまびこ》の擬人化だったのではないか

『瓜子姫絵巻断簡』（梅津次郎『絵巻物残欠の譜』角川書店より）

と想像させる。すなわち、こちらの言うことをそのまま山彦が真似るように、天邪鬼も人真似をしては人を困らすと語られたのである。そこに、天邪鬼が機織《はたおり》をする瓜子姫を殺して皮を剝《は》ぎ、それを着て瓜子姫を真似て機織をする、という発想の源があったのかもしれないのである。

ともあれ「天邪鬼と瓜子姫」という昔話は残酷な話である。子供の話にどうしてこんな話ができたかとおもうが、最初は異常誕生談で、お婆さんが川へ洗濯にゆくと瓜が流れてくる。その瓜を拾って帰ると、その中から女の子が生まれたので瓜子姫と名づけ、機織をさせる。爺婆《じじばば》が留守の間に「天邪鬼という悪い女」が来て、瓜子姫を欺《だま》して戸を開けさせて入ってくる。そして庖丁《ほうちょう》と俎板《まないた》を持ってこさせて、瓜子姫の皮

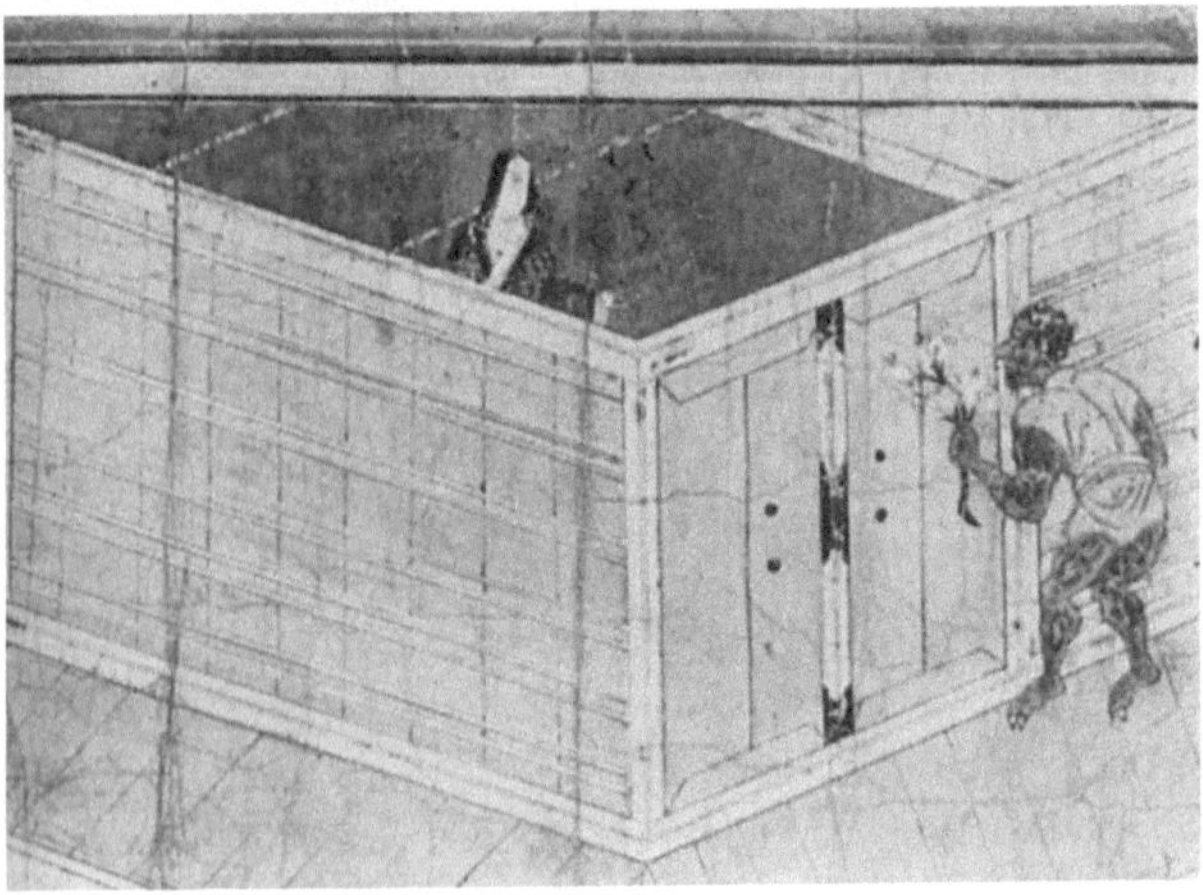

『瓜子姫絵巻断簡』（梅津次郎『絵巻物残欠の譜』角川書店より）

を剥いで肉を切って食べてしまう。指と血だけをのこしておくが、自分は皮を着て瓜子姫になりすまして、

　とっきん　かたり　きん　かたり

と機を織る。やがて爺婆が帰ってきたので、指は芋、血は酒だといって爺婆に食べさせる。そこへ瓜子姫を嫁に貰《もら》いたいと長者の使が来た。瓜子姫に化けた天邪鬼が馬に乗ってゆくと、鴉《からす》が、

　瓜子姫の乗りかけさ　天の邪鬼乗
　さった

と鳴く。長者の家に着いて顔を洗うと、化の皮がはげて天邪鬼になる。そして山へ逃げてゆく、という筋である。

　ここでもっとも大きなモチーフは、「鬼一口」とおなじく、天邪鬼が人を食べるということである。これがある

ためにこの昔話がいかにも陰惨で残虐なものになったのである。いろいろのヴァリエーションはあるが、瓜子姫の皮を剝いで瓜子姫に化けるということと、瓜子姫を食べるというモチーフは、一貫して不変である。鴉は鶯《うぐいす》になって、

瓜子姫だとて　あまのじゃくが化けて　嫁に行く　をかしでア　ほうほけきょ

と鳴くが、これは、殺された瓜子姫の左手が鶯になったと語られるのもある。また、

（『聴耳草紙』三七〇）

天邪鬼が瓜子姫に戸を開けさせるのに、まず手だけ入れさせ、次は頭を入れさせ、最後に全身入ってしまうというような「赤頭巾《あかずきん》ちゃん」型のものもある。瓜子姫を殺すのに、桃の木に木登りさせて、高い所から落ちさせて殺して皮を剝ぐのもある。多くの話が瓜子姫を俎板にのせて「裸にして」切って食べるというのは、「皮を剝ぐ」というのがあり得べからざることとして変化したものであろう。しかしこの発想には『地獄草紙』その他の地獄変、地獄図の絵解き説経があったことは否定できない。たとえば『北野天神縁起』（第七巻）の焦熱《しょうねつ》地獄では、俎板の上で鬼が亡者を刺身のように料理し、『矢田地蔵毎月日記絵』の七月十四日の条でも、亡者は俎板の上で断ち割られる。おなじ「鬼一口」でもこのような残酷な語りは、説経唱導の「地獄語り」の名残りであろう、と私は思う。

二　天邪鬼の物真似

「天邪鬼と瓜子姫」の中でどうして姫の指や血をのこしておくか、という問題は、話を怪談じみた陰惨なものにする文学的効果もあるかもしれないが、鬼が人を食べたという実証を指一本であらわそうとしたのであろう。さきにもあげた『日本霊異記』(中巻第三十三話)の「女人悪鬼に点ぜ見《ら》れて食噉《く》はるる縁」で、大和十市郡菴知村の女子が、金持に化けて結婚を申し込んだ鬼に、閨《ねや》の中で食べられたときに、頭と指一本だけ残っていた、という鬼啖《おにぐい》の話もおなじ趣向である。この指がなければ、単なる失踪としてあつかわれるのを、指が残ったことによって食べられたと分るように語られた。しかしこれを爺婆に食べさせたり、「カチカチ山」のように爺に殺した婆さんの婆汁《ばばじる》を食べさせる、という構想には、何かもっと別のモチーフがひそんでいるかもしれない。

瓜子姫の皮を剝ぐというのは、鬼が人間なり動物なり別のものに変身するための趣向として用いられたものであろうが、これは「姥皮《うばかわ》」型の昔話にも採用されている。しかし天邪鬼の場合は、天邪鬼が人真似をすることをあらわそうとしたのだとおもう。すでにのべたように、山彦を天邪鬼と同一視するように、これを山霊とかんがえ、山から来て山へ帰るという話の筋にしたのもそのためである。鬼は山神の一つの表象化であるが、これを天邪鬼とした場合は「真似る」ということが主要な性格になる。そのために相手の皮を剝いで、その中に入って化けることになる。

天邪鬼が物真似をするということについては、田楽《でんがく》の「あまじゃんごこ」がそれであろうとおもう。これは、越前今立郡池田村《えちぜんいまだていけだ》（現・池田町）水海《みずうみ》にある鵜甘《うかん》神社の二月十五日（旧正月十五日）の「あま田楽」とよばれるものに、天邪鬼とおもわれる「あまじゃんごこ」の舞がある。これは田楽といっても全く変則的な田楽で、「からすとび」と「祝詞」（翁《おきな》か）と、「あまじゃんごこ」と「あま」（安摩《あま》か）の四番だけから成るもので、「からすとび」は呪師反閇《しゅしへんばい》（足踏と跳躍）がのこったものである。そして「祝詞」は面から見て猿楽《さるがく》の翁で、「あま」は千歳《せんざい》とおもわれるが、舞楽《ぶがく》の「安摩」の面を用いたことから「あま」とよばれたのであろう。そうすると順序は逆になっているけれども、「あまじゃんごこ」は「あま」の物真似（もどき）をしたものと、私はかんがえている。舞楽でも「安摩」にはかならず物真似の「二の舞」がついていて、「二の舞を踏む」ことになっている。

水海鵜甘神社の「あま」はかならずしも舞楽の「安摩面」ではなく、むしろ翁の黒《くろ》尉《じょう》にあたるものとおもわれるが、その足踏や跳躍を真似るのが三番叟《さんばそう》であって、その物真似を土地の人は「天の邪鬼《あまじゃんごこ》」とよんだのであろう。これが三番叟であるのは、三

『矢田地蔵毎月日記絵』　七月十四日条
（奈良国立博物館蔵、ColBase（https://colbase.nich.go.jp/））

人の舞手が出ることにもうかがわれる。この三人は面なしで赤いシャグマをかぶって顔をかくし、腰をかがめてササラをすりながら、舞台の四方をゆっくり踏んでまわる。もとはもっと活発に、足を踏みはずしたりしながら「あま」（黒尉）の物真似をしたのであろう。

　また昔話の「天邪鬼と瓜子姫」では、鬼に形象化された山神である天邪鬼に食べられるのは、どうして瓜子姫でなければならないか、という問題がある。この型の昔話は五大昔話に次いで分布も多く、ヴァリエーションも多彩であるが、その主人公はかならず、天邪鬼（名称は多少変化があるが）と瓜子姫（瓜姫または瓜子姫子）である。私は、この異常誕生談は瓜が水神の好む瓜であるとともに、水神の霊の入れ物としての瓢簞《ひょうたん》だったことによるのではないかとおもう。したがって瓜は水によって流れてきて、その中から生まれた瓜子姫は水神の化身として出現する神話が、もとあったのであろう。

私は、多くの昔話の原話として想定される神話は、それぞれの神話の神を奉ずる集団の葛藤《かっとう》をあらわしたもの、とおもっている。そうすると「天邪鬼と瓜子姫」では、山神（鬼）を奉ずる山民と水神（瓜または瓜子姫）を奉ずる農耕民または水辺民の葛藤が背景にあるといえる。そして山神が邪悪な謀略で水神を負かしてしまうが、遂《つい》には鴉や鶯や兎の助けで山神は退治される。この型の話のヴァリエーションには、姫は柿の木に逆《さか》吊りされていて、天邪鬼が退治されると助けられて、長者や殿様へ嫁ぐという結末になったものもある。しかしそのモチーフが仏教を媒介して「鬼一口」になったため、瓜子姫は残酷に殺されて食べられる話が主流になったのである。

三　天邪鬼と天探女

そこで天邪鬼の名称であるが、これには「天のさぐ」「天のさぐめ」「天のしゃぐ」「あまりじゃこ」「あまりじゃりこ」「あまじゃりこ」「やまのさぐ」などの変化が、類話の中に見られる。ことに南九州方面に「天のさぐめ」系の名称が多いことは注意しなければならないが、仏教的唱導の「天邪鬼」に対して、その影響の少ない地方では「天探女《あめのさぐめ》」だったのではないかとおもう。記紀神話の天探女は別に人を食べる鬼ではないが、天孫《てんそん》民族にとって邪悪な敵であったことと女性である点が、女性鬼である天邪鬼にオーバラップしたのであろう。

天探女は説明するまでもなく、天孫降臨神話に出てくるもので、高天原から使者としてこの地上に派遣されながら、寝返りうった天稚彦《あめわかひこ》の放ったスパイになった。このスパイの情報で、高天原からのスパイの無名雉《ななしきぎし》は射殺される。したがって天探女は邪悪な女スパイとして、天孫神話では悪者になったのである。

ところで天邪鬼というのも日本でつくられた邪悪な鬼の名で、「天」とつくのは「天探女」から影響をうけたものかもしれない。この鬼のもとは捷疾鬼《しょうしつき》だろうといわれるが、これもあまり得体のはっきりしない鬼で、やはり日本の説経が創作したものではないかともおもう。それは、日本の涅槃会には多くの寺で説経がおこなわれたことが『徒然草』(二三八段)にも見えていて、その中に天邪鬼がかたられたであろう。

二月十五日、月明き夜、うちふけて千本の寺(千本釈迦堂《せんぼんしゃかどう》、大報恩寺《だいほうおんじ》)に詣でて、後より入りて、ひとり顔ふかくかくして聴聞《ちやうもん》し侍りしに、優なる女の姿、匂ひ人よりこと《(異)》なるが、わけ入りて膝にゐかゝれば、匂ひなどもうつるばかりなれば

(下略)

などとあるように、徹夜の説経がおこなわれていた。

　そのような時に涅槃図が絵解きの用に供せられたことはもちろんであり、多数の動物がこれに描き込まれ、天より薬壺が降った図なども絵解きのためであろう。そして舎利講《しゃりこう》となれば、かならず、捷疾鬼が釈迦火葬後の舎利の仏牙《ぶつが》を盗んで逃げた話があったにちがいない。これに対して韋駄天《いだてん》があらわれて捷疾鬼を追いかけ、舎利を取り返したということから、韋駄天を護法善神として寺院内にまつるようになったのである。この話は観世《かんぜ》小次郎信光《こじろうのぶみつ》作の謡曲「韋駄天」にも入っているので、室町時代には成立していたとおもわれるが、密教本来の韋駄天としてはもとバラモンの神で、シヴァ神またはアグニ神の子とされ、『金光明経』(巻三)「鬼神品」では護世間神の一として、帝釈天《たいしゃくてん》、自在天《じざいてん》、風天《ふうてん》、火天《かてん》、水天《すいてん》、日天《にってん》、月天《がってん》などとともに説かれているにすぎない。

　ところがこの韋駄天に対立するものとして捷疾鬼が、涅槃会の説経にあらわれるようになり、これが天邪鬼になったのである。もちろん仏教唱導説話では女性鬼ではなかったが、これが「鬼むかし」の中にとり入れられたときは、山の神と習合して女性としてかたられたのであろう。また天邪鬼が女性になるには天探女の神話が介在したこともかんがえられ、信州《しんしゅう》で採訪された話には無名雉《ななしきぎし》の変化とおもわれる「天の雀」が出てくるものもある。瓜姫が機を織っているところに来る悪者は「天の雀」で、これが天邪鬼であることは言うまでもない。この悪者が瓜子姫を欺して外に連れ出し、姫を裏の柿の木に縛りつけると、爺婆が外から帰ってくる。すると鶏が「瓜姫は天邪鬼に縛られて、裏の柿の木にとここっこう」と鳴くので露見する、となっている。ここに話の筋に必要のない「天の雀」が出るのは、天探女神話の破片が残ったと見ることができよう。

このように現在の昔話が成立するまでには、いろいろの宗教の混合があり、その痕《こん》跡《せき》をどこかに残している。またこれを語った宗教者の存在も想定されるのであって、昔話の分析やそのモチーフやファクターを解釈してゆくと、庶民信仰や民族宗教、そして仏教や神道《しんとう》や陰陽道《おんみょうどう》が、一般庶民の中に滲透《しんとう》していった過程をあきらかにすることができよう。このような意味で、他愛なさそうに見える昔話という民族的遺産は、もっと大切にしなければならないのである。

牛方山姥と鯖大師

一　牛方山姥型の構成

山姥《やまんば》の恐ろしさと、その危害から人間がいかに逃れたかをテーマとする昔話に、「牛方山姥《うしかたやまんば》」という一群の説話がある。この説話は「牛方と魚」とか「魚売りと鬼婆」とか「鯖《さば》売りの話」「鯖才二郎《さいじろう》」「馬方と鬼」などの名称でもよばれて、日本全国どこでも採訪することのできる、分布の広い昔話である。

これは鬼一口型の発展した昔話で、山姥の恐怖と、その厄難からの逃走と、これに対する仇討という三段形式である。その発端は、牛方や馬方が塩鯖または塩鰤《ぶり》、塩鱈《たら》、干鰯《いわし》、鰹節《かつおぶし》などを牛馬に積んで峠を越えようとすると、山姥が追いかけてきてそれをくれという。もしくれなければ牛もしくは馬もお前も食べてしまうぞ、というので一匹投げると、すぐ食べてしまって追い付いてくる。こうして一匹ずつ投げて逃げるうちに、全部食べられてしまった。そこで牛もしくは馬を置いて逃げると、それも食べてしまって追いかける。

ここまでが第一段で、これが鬼一口の主題をあらわしている。私は、この段は、神話の伊弉諾尊《いざなぎ》が黄泉国《よもつくに》へ行って、八雷《やついかつち》や泉津醜女《よもつしこめ》に追いかけられたとき、黒鬘《くろみかずら》を投げて蒲陶《えび》となったのを醜女が食べているうちに逃げ、また湯津爪櫛《ゆつつまぐし》を投げて筍《たかんな》になったのを食べているうちに逃げたことに当るとおもう。神話はこののち、放尿して大川としたり、杖《つえ》を投げたり、帯、衣、褌、履《くつ》を投げて、伊弉冉尊《いざなみ》の死霊（鬼）に食べられるのを免れるのであるが、「牛方山姥」では三種類の厄難逃走談になる。

〔其の一〕は、牛方または馬方は傍の木に登って逃げようとすると、下の沼に影が映って山姥に見つかる。このとき山姥はその影めがけて飛びついて沼に溺《おぼ》れて死んだ、という型と、山姥も木登りして追ってくるのを、「枯枝はどっと、生枝はそっと」と教えると、枯枝にどっと飛びついて、枝が折れて沼に落ちて死ぬ型とある。

厄難逃走の〔其の二〕は、柴《しば》刈や萱《かや》刈の柴や萱に隠れたり、煙草を投げつけたり、菖蒲《しょうぶ》池に逃げ込んで助かる。柴刈と萱刈の翁《おきな》に助けられるのは『遠野物語』（一一六段）の話で、ヤマハハ（山姥）に喰われようとするのは娘であるが、逃走談はほぼ同じで、第三段の仇討談も「牛方山姥」の後半と同じである。しかしこれはかなりの変型だとおもう。

厄難逃走の〔其の三〕は、牛方もしくは馬方は、山姥から逃れて山の中の一軒家に逃げ込む。そして炉の上の「あまだ」（棚）に上って隠れる。ところがそれは山姥の家だったので、山姥が入ってきて炉で餅を焼く。牛方（馬方）はそれを長い棒で上から取って食べ、甘酒をわかすと、それも長い管《くだ》で「あまだ」の上から飲んでしまう。山姥は、餅、甘酒はフクンジョサンもしくはオフクロサンに取られたかと言うが、これは福の神の鼠のことであろう。

第三段は仇討談で、山姥は、今夜は木の櫃《ひつ》に寝ようか釜《かま》の中に寝ようか、と独言《ひとりごと》言うので、牛方（馬方）は「あまだ」の上から鼠のまねして「釜の中、釜の中」と言う。それを聞いた山姥が釜の中に入って蓋《ふた》をすると、牛方（馬方）は下りていって、重石《おもし》を蓋にのせてかまどの下にかちかちと火打石で火をつける。するど山姥は釜の中で「かち〳〵鳥が鳴くそうな」という。火がついて藁《わら》がぼうぼう音たてて燃えだすと、「ぼう〳〵鳥が鳴くそうな」という。釜が熱くなると「お日様が昇ったようで熱くなった」といいながら焼け死ぬが、このとき山姥は、庭の隅や縁の下の瓶の宝物をやるから助けてくれ、というのを、殺して宝物を取る型もある。これは「鬼宝物型」である。

以上は「牛方山姥」のごく大筋をのべたもので、多くの変型がある。牛方（馬方）が峠を越えるのは、大晦日《おおみそか》または正月の買物の荷というのは注意すべき点であり、積荷は魚が多いけれども、大根、人蔘《にんじん》、米、唐芋、昆布、蒟蒻《こんにゃく》、塩、塩俵というのも多い。山姥は鬼婆《おにばば》、山女、山父というのもあり、「目一つ山父」というのは「山の神」のことである。これも分らなくなると「目一つあるといく〳〵鳥」などと語るのもある。ヤマワロというのは山童《やまわろ》のことで、河童《かわわろ》（かっぱ＝かわわっぱ）が河から山へ帰った「山の神」を指すから山姥とおなじである。したがって、はじめ童が泣いているのを車に乗せてやると、山姥に変化して鯖も牛も食べてしまう、という話は東北地方に多い。また東北地方には、山姥は牛の睾丸《きんたま》を食べのこすので、牛方は川で洗ってやると騙《だま》して逃げ出す話が多いが、これは山姥の好物という話がもとあったのであろう。これに対して西日本では馬の脚を好物とする話が多い。

厄難逃走に鼠が出る源は、『古事記』神話では大国主命《おおくにぬしのみこと》が素戔嗚命《すさのおのみこと》の野火から免れる話にあり、この神話では素戔嗚命の髪を室の垂木《たるき》に結んだり、五百引石《いおひきいわ》で室の戸を塞《ふさ》いだりして、宝物を持って逃げてしまう。「牛方山姥」の中に、菖蒲池に逃げ込むという話があるのは、「食わず女房」型の破片で、菖蒲と蓬《よもぎ》の生えたところには山姥は近づけない、という「食わず女房」型と菖蒲蓬の信仰を背景にしている。

二　牛馬と鯖大師

「牛方山姥」型の昔話がどのようなモチーフで作られたかは、まだ完全に解明されないが、これが「鯖大師《さばだいし》」の信仰と伝承に、なんらかの関係があることは間違いがない。すなわち、ここにも神話と仏教唱導と昔話の関係が見られるのである。昔話「牛方山姥」と「鯖大師」の信仰との間に脈絡を感じ取ったのは、さすがに柳田国男翁で、「鯖大師」（『民間伝承』八巻四号　昭和十七年）に、

山路《やまみち》と鯖と旅の宗教家との縁の遠い三つを、始めて結び合せたのは何人《なにびと》の思い付きであつたらうか、といふ点で、それには人間の財政制度に、関税があり又は入市税があつた如く、霊界にも亦一種の運上《うんじょう》信仰とも名づくべきものがあつて、鯖が何等かの理由で特に重んぜられたらしいことが想像せられる、（中略）「牛方山姥」の如き全く別な昔話の流布がさういふ想像を私に許すのである。肥前長崎辺の鯖腐れ石の伝説は、既に司馬江漢の西遊日記にも見えて居る。佐賀県東松浦郡北波多村の弦掛岩の辻にも、現在同じ名（鯖腐れ石）の岩があつて、やはり魚商人がこの危ない大岩の下を通り兼ね、ぐず〳〵して居るうちに其鯖を腐らせてしまふからと謂つて居るさうである。

とあって、峠と鯖という共通項で、牛方と山姥と大師（弘法大師または行基《ぎょうき》）が結びつくだろう、と暗示した。そして大胆な仮説をそこに提出したのであるが、翁はまだ、山姥の鬼一口のモチーフを想定するには至っていなかったのである。

私の大胆な当て推量というのは次の如くである。曰く、海岸の住民が魚を捕つて、

之を内陸の農産物と交易に行くのには、昔は境の神を祭り魚を供へる風があつた。その場所は大抵《たいてい》道の辻、森の下、その他特別な感じを起すやうな隘路などで、そこには魚を載せる為の石が置かれ、それが又霊地の目標ともなつて、次々変化して行く伝説を支持して居たのであらう。(中略)従つて鯖を手に下げた石の大師像を、新に建立する位のことは何でも無かつたらう。

と述べて、峠に鯖大師の石像が立てられた必然性を説明しようとした。

そこでまず、鯖大師とは何かを知らない人のために簡単に解説しておくと、その家元ともいうべき鯖大師は、阿波《あわ》と土佐《とさ》の境に近い、八坂八浜《やさかやはま》(海部郡海南町《かいふかいなん》(現・海陽町《かいよう》)と牟岐町《むぎ》にかけて)の鯖瀬《さばせ》(もと鯖施)にある。行基菩薩が笠《かさ》をかぶり茣蓙《ござ》を背負う旅姿で、右手に生臭物の鯖を一匹持って立った不思議な像である。この像はどうかんがえても修行の弘法大師像であるが、大師が鯖を下げていては生臭いとおもって、罪を行基に背負わせたのであろう。一般民衆は、行基ならば生臭くてもよい、と考えたのが面白い。しかしダイシというものが問題で、これは弘法大師でも元三《がんざん》大師でもない祖霊観念をあらわした話であることは、拙著『続・仏教と民俗』(昭和五十四年角川書店刊)の「仏教と民俗」の項に、大師講の問題として論じたことがある。柳田国男翁もこの点に考え及ばなかったために、鯖大師と昔話「牛方山姥」の関係が説明できなかったものとおもう。

鯖大師については文久《ぶんきゅう》元年刊の木村《きむら》蒹葭堂《けんかどう》（暁晴翁）の『雲錦随筆』に、次のようにある。

南海四国遍礼《へんれい》の中、阿波国海部《かいふ》郡比和佐《ひわさ》村薬王寺（遍路二十三番札所）より土佐国安芸《あき》郡の国境に至る、行程十里、此間に八坂《やさか》、坂中《さかなか》、八浜《やはま》等の名あり。山谷岩窟古跡多し、此八坂に行基庵《ぎやうぎあん》といふあり。此本尊に、行基僧正の像を安置す。此《この》影《みえい》行基旅装にて左の手に数珠を持、右の手に鯖一匹を携へて立給ふ。異容《ことやう》なる像也。是は往昔《いにしへ》行基此地を遍歴《へんれき》の折から、塩鯖を多く馬に附て市《いち》に出す者に行合《ゆきあは》れけるに、行基の云く、其鯖一尾《いちび》われに得させよと乞《こひ》給ひしに、鯖の主さらに聞《きき》

鯖大師絵姿お札（『雲錦随筆』より）

鯖大師像（千葉県我孫子市・円福寺蔵、写真提供：我孫子市教育委員会）

入《いれ》ず。却《かへつ》て大に嘲《あざけ》り罵りて行過けるゆへ、行基是非なく別れ給ふ折から

大坂や　八坂坂中　鯖ひとつ
　行基にくれで。馬のはら病《やむ》

斯《かく》よみて紙のはしに認《したた》め渡し給ひて行過給ふ。然るに忽ち馬煩《わづら》ひて苦しみ一足も行《ゆか》ず。（下略）

とあって、行基または大師が「鯖」をほしがるという必然性は、すこしも語られていない。しかしこれが山姥ならば鯖をほしがっても不思議はないであろう。そうすると、この鯖大師の行基または大師は、原話では山姥だったとすると、これは昔話の「牛方

山姥」になってしまう。山姥（山の神）は怒りっぽくて祟《たた》り易い荒魂的霊格だから、鯖をくれなかった懲罰に馬や牛を食べてしまうという話が、もとあったのであろう。しかし山姥が行基や大師に変化すると、懲罰に馬の腹を病ませることになるが、牛方や馬方が悪かったとあやまると、前の歌の濁点を取って、馬の腹病を止《や》ませるのである。

大坂や　八坂坂中　鯖ひとつ
　行基にくれて　馬のはら止《やむ》

この由来から、鯖大師の絵姿お札は、馬の腹病の呪禁《まじない》として配られるようになった。そしてこの信仰が古いことは、天文《てんぶん》年間の馬疾医書『勝薬集』にもあるということでわかる。これは桃井若州氏の「民俗覚え帳」（『旅と伝説』十巻九号　昭和十二年）に引かれていて、

　病む腹まじないの事
一、馬の耳に口あて、歌にいはく
　大坂屋八坂さか中鯵《あじ》ひとつ
　きやうき(行基)にくれて駒そ(ぞ)腹やむ
と七返よみて、我手にてはなきそおうたせん（蒼前か）の御手なりとし、背をなでべし。

とあるといい、阿波の鯖大師のほかに磐城《いわき》の鯖大師もあるという。また八木三二氏の

「肥後国阿蘇郡俗信誌」(『旅と伝説』九巻五号　昭和十一年)には、馬の腹に寄生虫が涌《わ》いて苦しむときは、

大阪の八阪の阪の阪中で、虚無僧に逢うて、鯖三匹貰うて、此の虫早やせき止ませ、と唱へて、笹の葉でその腹をば撫で、その笹の葉を食はすれば、せき止むと云ふ。(古城《こじょう》村(現・阿蘇《あそ》市一《いち》の宮《みや》町)北坂梨《きたさかなし》)

という例もある。しかし、柳田翁が鯖大師で気になったのは、これが九州の海岸地帯に多いことであった。それは、福岡県の遠賀《おんが》郡の漁村には鯖大師の石仏が多く、腹病のときは鯖をこれに上げると治るとか、豊漁を祈るとかの信仰があることで、これがどうして「鯖」でなければならないかということが、柳田翁にも解せなかったのである。

三　鯖と散飯

昔話「牛方山姥」の牛方の積荷にはいろいろなものがあるが、圧倒的に多いのが鯖である。柳田翁の鯖大師の説では、これを漁村から山村へ運ぶ峠で、峠の神に運上(通行税)代りに鯖を上げたことになるのだが、私は鯖はサバ(散飯または生飯)であ

ったとおもう。したがって塩でも米でも大根でもよいことになり、散飯は峠（手向け）の神への手向け（供養）ということであろう。

散飯《さば》は仏教寺院では、食事《じきじ》作《さ》法《ほう》には、一箸だけお膳《ぜん》の隅に取っておいて、夕方の施《せ》餓鬼《がき》に施餓鬼台または庭に撒《ま》いて餓鬼にほどこす。餓鬼は祀《まつ》られざる幽鬼のようにいうが、私は新魂《あらみたま》または荒魂《あらみたま》的性格の一般霊であると主張して、日本民俗学会で柳田翁と意見が対立したことがある。花折《はなおれ》峠とか花立峠、柴折峠、犬卒塔婆《いぬそとば》峠などで、花枝や柴枝の手向けを受ける霊はこのような霊であり、行路死者のあった崖《がけ》道などで柴枝を手向ける柴神様というのもこれである。その手向けは常磐木《ときわぎ》の枝（花枝）のこともあるし、散飯や洗米や大根のこともある。牛馬の死んだ場所に建てた馬頭観音、馬力神には、よく二股《ふたまた》大根や普通の大根、人蔘を上げる。塩はそのような霊の清めに撒くことがあったであろうから、塩と散飯は塩鯖と訛《か》伝《でん》されやすい。よく、峠道でヒダル神に遭って急にダルくなれば一口のこした弁当の飯を上げよ、というのは、この散飯を指したものと私はかんがえている。東大寺《とうだいじ》修二《しゅに》会《え》（お水取り）の食事作法では、散飯を練行衆は銘々白紙に包んで若狭《わかさ》井《い》の屋根に投げ上げ、烏に施すという。この烏は霊の化身と信じられた時代があったであろう。

山姥（山の神）や鬼婆が死者の霊をあらわす「鬼」の形象化であり、霊物化であり、人格化であることはすでに述べた。それは、荒魂的霊格が鎮魂呪術や儀礼によって恩寵的霊格に転化するが、その呪術や儀礼が「手向け」の散飯や花立、柴立、卒塔婆立である。ところが、山や峠や山口に浮遊する霊はこの手向けがないと散飯を請求する、という信仰が昔話化して、山姥が鯖を要求するという話になる。そしてこれに鬼一口のモチーフが加わって、鯖一駄も二駄も食べ、牛や馬を二頭も三頭も食べ、人も喰おうと追いかける。これを逃れる方法は、はじめ神仏の力や呪物・呪文の力であったものが、のちに人間の力や智恵になる。しかもいっそう人間化されて、霊物に復讐《ふくしゅう》して残忍な殺し方をしたうえ、その宝物を奪う、という筋に展開するのである。このように、原始宗教的もしくは庶民信仰的起源から昔話の展開を追求するのが、宗教民俗学の方法である。

ところが遊行の聖たちは、原始宗教的霊物をダイシとよんだとかんがえられる。これを弘法大師として、鯖を請求する鯖大師像をつくりあげ、これに祈れば山姥の難も亡霊の祟りも免がれ、行路の安全が保障されるとしたのである。これは海難を免がれ航海の安全をねがう漁村の信仰にもなりやすいし、散飯を鯖に代えれば「鯖腐れ石」の由来もできる。弘法大師の鯖大師を行基に代えたのは僧侶《そうりよ》や知識人の作為で、行基にはよく歌問答談がつたえられるとともに、聖《ひじり》は魚食を忌まない話が『日本霊異記』以来伝えられるからでもある。平安時代の『宇治拾遺物語』(巻八)には、「東大寺華《け》厳会《ごんえ》の事」として、鯖売翁が華厳会講師《こうじ》に招請され、鯖を経机《きようづくえ》に置くとそれが八十巻華厳経に変じた、ともある。

しかし、鯖大師の信仰はもう一つ転じて「牛馬大日如来《だいにちにょらい》」の信仰になったものと、私はかんがえている。これは出雲《いずも》から山陰《さんいん》地方の但馬《たじま》にまで、あるいは紀州《きしゅう》熊野にも拡がった信仰であるが、鯖大師の牛馬守護を大日如来に代えたものとおもう。昔話というものはそのままでは子供だましにすぎないが、その成立過程を見れば、民族の心、庶民の心がはたらいていたことを見出《みいだ》すことができるであろう。

「食わず女房」と女の家

一　「食わず女房」の構成

昔話というものは、民話とちがって、現代人の意識で再生産されることも、再創造されることもない。現在われわれが見るような雑多な昔話は、過去の日本人の、とくに庶民の意識から生まれたものであるから、過去の庶民意識まで戻して解釈しないと、どうしてこんな不思議な話が発生し、また語りつがれたかをあきらかにすることができないのである。

もちろん表現は自由であるから、一寸法師や桃太郎が退治した鬼は、資本家や悪い役人という解釈をしても、別に間違っているわけではない。しかしそれでは昔話のもつ「心の故郷」としての味わいがなくなるし、常識的にいっても不自然である。その庶民感情での違和感は、すべての「鬼むかし」に一貫する鬼の概念に、資本家の鬼が適合しないところからおこる。庶民感情の鬼の概念は、日本人の原始的な宗教意識から出ているであろうというのが、鬼一口型の「牛方山姥」の昔話の解釈であった。

しかし鬼に表現された原始的宗教意識も、いろいろの複合や変化があって、その変化に対応していろいろの形の鬼一口型昔話ができた。私はむしろ、いろいろの鬼一口型昔話を通して、日本人の鬼の概念のいろいろのタイプを知ることができるものとかんがえている。私はむしろ、いろいろの鬼一口型の鬼は「物の怪《け》」や怨霊のこともあるし、山の神や祖霊であることもあるが、「牛方山姥」の鬼は山の神であり峠の神であって、柴《しば》や花や散飯《さば》の「手向け」をもとめる霊であった。そう解釈することによって、この不可思議な昔話のモチーフと構成が解明されたのである。そして、宗教意識としては目に見えない霊的存在だったものが、昔話の中では表象化され、人間化されて、多くは残忍な老婆として語られて来た。

これに対して「食わず女房」の山姥または鬼婆《おにばば》は、はじめは能の前シテのように美しい女房（おかた）としてあらわれ、正体をあらわすと後シテのように醜悪な鬼婆となって人間を食べようとする。この型の昔話は「牛方山姥」とちがって、ヴァリエーションが少ない。それだけにあまりまとまりすぎて、面白味がないともいえる。いま新潟県の『南蒲原郡昔話集』（岩倉市郎氏採録　三省堂刊）を例にとると、欲の深い炭焼の男が、飯を食わない嬶《かか》がほしいとおもっていると、ある日、若い女が訪ねてきて、まんまを食わないから嫁にしてくれろという。

ところがこの嫁は、炭焼の男の留守中に蔵から米を出して、飯を炊いて握り飯をたくさんこしらえて食べるのである。それで米がなくなるのを怪しんだ男が、隣の婆さんの告げ口もあって、仕事に出た振りをして隠れて見ていると、頭の髪の毛を手で分けて大きな口を出し、その中へ握り飯を放りこんで食べるのを見てしまう。

そら下の口も食え　上の口も食え

といって、一斗飯を食べて、あとは頭を結って知らん顔をしている。岩手県の『紫波郡昔話集』では、味噌汁《みそしる》もこしらえて頭の口にそそぎ込んだ、などと輪に輪をかけているが、鬼の異常性と鬼一口を表現するために、頭髪の中の大口という発想ができ、凄《すご》い猟奇的アイディアとすこしばかりエロティックなところが庶民にうけて、広く語り伝えられたものとおもう。

ここまでが第一段目で、第二段目は、炭焼男は知らぬ振りをして家へ入ってきて、もうお前に用はないから「暇をやるから出てゆけ」と離縁を申しわたす。かつての庶民のあいだの足入婚《あしいれこん》では、このような離婚は日常茶飯事であった。すると食わず女房の方も物分りがよくて、「出てゆくから、何か暇の物をくれ」という。慰謝料の請求である。そこで男は「そこにある大きな二駄入れの桶《こが》を持ってゆけ」というのが、またこの昔話の一つの重要なファクターだと私は見ている。

昔話は単純なものほど、道具立《ファクター》に無駄がない。したがってその意味を、体系的な構成の中で、必然性のある解釈を出さなければならない。体系がちがえばちがった解釈が出るのは当然であるが、その場あたりの思い付きの解釈では、かならずどこかでボロが出るものである。私はいま宗教民俗学の体系の中で、これが棺桶《かんおけ》の残存イメージであったということをのべようとおもう。

この桶についてはあとでくわしくのべることとして、この昔話の第三段目では、山姥か鬼または鬼婆（一部では蜘蛛《くも》とするのもある）の正体をあらわした食わず女房は、男を桶に入れて山へかついでゆく。桶を風呂《ふろ》桶と語るところでは、男をだまして風呂に入れて蓋《ふた》をしてかつぐ。棺桶や箱や甕《かめ》という地方では、無理に押し込んでかついで、山へ走ってゆく。これもこの話の凄愴《せいそう》な一場面で、絵になりそうな光景であるが、その背景には林葬といわれる死者の「山送り」の残像がひそんでいると見てよかろう。

しかし鬼一口の危難をのがれることを目的とするこの昔話では、男は途中で桶から手を出して、山道の両側から垂れた木の枝に飛びついて逃げ出す。山姥はそれを知らずに、「よい肴《さかな》を持ってきたから、みんな集まってこいよー」と、鬼や鬼の子をあつめる。しかし桶を下して見ると男はいないので、再び山道を下って男を追いかける。

第四段目では、山姥の疾走に追い付かれそうになった男は、道の傍に菖蒲《しょうぶ》と蓬《よもぎ》の叢《くさむら》を見つけ、その中にとび込んで隠れる。このあたり、晩春から初夏の芽吹いた雑木林の坂道や、山間の湿地に生えた菖蒲の間を疾走する山姥は、イメージとしても美しい。

私はパリ大学のベルナール・フランク教授の客間で、奥さん（日本人）の描いたオシラ祭文に語られる白馬と姫の昇天の幻想的な絵画を見たことがあるが、昔話というものは自然を背景として、想像力ゆたかに語られるので、超現実的な絵の画材になりやすい。

ともあれ、山姥はその菖蒲と蓬の叢が人臭いので、男が隠れていることを知ったが、「菖蒲と蓬は俺に毒で、体にさわると融けるから」といって帰ってしまう。または無理に菖蒲と蓬の中へ入って目を突いて死ぬ。あるいは男が菖蒲と蓬の中へ入ると、人臭さが消えて見つからない、などといろいろのヴァリエーションがある。そして大部分はこの日が五月五日だったので、五月五日には鬼や山姥が家へ入らないように、菖蒲と蓬を軒に挿すのだと結んでいる。しかし九州の方には五月五日の菖蒲・蓬の故事とするところもあるけれども、大歳の夜とか十一月の丑《うし》の日（山の神祭）として、松、竹、ウラジロ、ユズリハの中にかくれたと語り、正月飾りの故事とするところがある。

二　「食わず女房」の「鬼一口」

柳田国男翁が「本格昔話」または「完形昔話」といったのは、発端と末尾をそなえたもので、ハッピーエンドになることを条件にした。一寸法師や桃太郎や花咲爺などはまさにこのカテゴリーに入るもので、ハッピーエンドになるためには鬼や悪者との葛藤《かっとう》があり、それを呪術や神仏の力、人間の知恵や腕力、または恋人や忠実な従者、動物の助力で克服する。これは、昔話の構造を抽象すればこのように単純化できるし、ここまで単純化、図式化すれば、昔話は世界共通になる。しかしそれだけでは「牛方山姥」や「食わず女房」の内容とその背景はあきらかにならない。それで、昔話の内容とその民族的意味を具体的に知ろうとすれば、むしろその話の要素を分析して、日本民族の生活や社会、あるいは宗教とその儀礼との関連を見る必要がある。

「食わず女房」は、すでにのべたように、簡単な筋の本格昔話である。その類話は外国の昔話の中にもあるかもしれないから、昔話の世界共通性に興味のある人は、その方をしらべたらよいとおもう。しかし私は、日本民族の鬼の概念と、農耕生活にともなう田植儀礼を背景にした昔話として、これを解釈してみよう。そのために第一段は「鬼一口」のモチーフとし、第二段、第三段は山の葬送儀礼と霊鬼概念として、第四段は田植儀礼にともなう「女の家」の忌籠《いみごも》りとして、説明を加えることとする。

「食わず女房」という不思議で魅力のある名称は、食糧の足りない山民の願望をあらわしたと解釈できないこともないが、いかにも常識的すぎる。むしろ、この女房は人を食べる鬼であることを、反語的に強調した名称の意味がつよいとおもう。いわゆる

「何食わん顔して」という「食わず」口である。この鬼は女性化された山姥であるが、その「鬼一口」を髪の中に隠し持った口であらわそうとする。

このような頭の上の口という発想がどこから出たか私も知りたいけれども、他に的確な起源がなければ、ことによると庶民の露骨なエロティシズムから来ているかもしれない。というのは、長崎県南高来郡《みなみたかき》小浜町《おばま》の「食わず女房」では、米一斗を大釜で炊いて握り飯にして、膝《ひざ》の割目に入れるとあり（『島原半島民話集』関敬吾氏）、徳島県三好郡《みよし》東祖谷山村《ひがしいややまそん》（現・三好市東祖谷）では、小麦の団子をつくって、体中の穴のあいている所にはすべて入れたし（『阿波祖谷山昔話集』）、山梨県西八代郡《にしやつしろ》では、腹にも股《また》にも食わせる、などとあるからである。山姥、山の神には露骨な供物が多いばかりでなく、山の神祭には男性女性合体の儀礼も行われる。したがって山の神祭の籠堂などでは、猥褻《わいせつ》な話で持ち切りなので、頭の上の口などの発想もおこりうる。私も会津《あいづ》の山の神祭に行く村人のバスに乗り合わせて、その実態を知ることができたし、庶民の寄り合いや団体旅行なども同様であろう。

数年前に「口裂け女」の風評が世の中をにぎわした。子供が夜の外出をこわがるというほど迫真の語り口だったようで、新聞や雑誌の記事にまでなった。「食わず女房」もある一時期流行して恐れられ、その後は昔話の中にだけ残存したのかもしれないが、私から言えば、「鬼一口」の残像が、時に「食わず女房」を生み、時に「口裂け女」を生むのだとおもう。「口裂け女」のころの心理学者は、過保護の教育ママが子供を食べてしまう「口裂け女」だという論評をしたのをおぼえている。しかし、そのような猟奇的イメージが、一時期人々の心をとらえる集団無意識の心理には、民族固有の宗教意識が一貫して潜在することを想定してよいであろう。

そういいながらも、「口裂け女」の方はその原像を般若面《はんにゃ》（鬼面）や狼などの動物面にもとめることができるけれども、頭上の髪の中の口はそのような原像がかんがえられない。河童《かっぱ》の頭上のお皿ではないかと思われる話もあるが、鬼の髪の毛の怪異については『日本霊異記』（上巻第三話）に、元興寺の道場法師が、毎夜鐘堂童子を捉《とら》え殺す大鬼を捕えた髪の毛の話がある。

大鬼半夜《はんや》ばかりに来て、童子（道場法師）の佇むを見て退く。鬼また後夜《ごや》の時に来入す。即ち鬼の頭髪を捉えて引く。鬼は外に引き童子は内に引く。彼の儲けし四人慌て来りて、灯の蓋を開くことを得ず。童子四角《すみ》に鬼を引き依せて、灯の蓋を開く。晨朝《じんでう》の時に至りて鬼の頭髪引剝《ひきはが》れて逃ぐ。

とあり、この鬼の頭髪を寺宝としたというが、この寺宝の見世物は芸能や呪術で鬼に扮装《ふんそう》するときにかぶるシャグマ（赭熊）であろう。また『古事記』（神代）には、大国主命《おおくにぬし》が素戔嗚命《すさのお》の娘、須勢理媛《すせりひめ》と結婚して逃げるとき、素戔嗚命の髪の毛を室《むろ》の垂木《たるき》に結んで、五百人引の石で室の戸を閉じたとある。これなども、鬼の頭髪を、その暴悪を鎮める呪具としたことはわかるけれども、これが物を食べるとか生贄《いけにえ》をもとめるという発想の起源とはかんがえがたい。

しかし、「食わず女房」型の重要なキーポイントは、頭髪の中の口である。そしてこれを支える最大のモチーフは、「鬼一口」であることは、何人もみとめるであろうとおもう。おそらく古代の人々は鬼が人を食べると信じたであろうが、その食べる口は擬人化された人間の口のごときものでは不可能と思ったのであろう。そこに異常な口をもとめる第一の発想があったのである。それではこの種の昔話の根本的なモチーフをなす「鬼一口」というのは、何を意味するのであろうか。

すでにあげた『日本霊異記』(中巻第三十三話)の「万之子《ましこ》」という女子が、彩帛《さいはく》三車の贈物(結納)をもって求婚した鬼に食われた「鬼啖《おにぐい》」の話では、頭と指一本が残っていた。しかし『伊勢物語』の「芥川」では、

鬼はや一口に食ひてけり

とあって、何も残さなかった。これが『今昔物語』(巻二十七)になると、この話を翻案したとおもわれる「在原業平中将の女、鬼に噉《くら》はるる語」では、

女、音モ不レ為《せ》ザリケレバ、中将佐《あやし》ムデ見返テ見ルニ、女ノ頭ノ限ト着タリケル衣共ト許《ばかり》残タリ。

とあり、姿の見えぬ鬼に食べられたのだろうということになった。また同書「内裏《だいり》の

鬼はや一口に食ひてけり（『伊勢物語絵』第六段、部分、東京国立博物館蔵 Image:TNM Image Archives）

松原に於て、鬼、人の形と成りて女を噉《くら》ふ語」には、武徳殿《ぶとくでん》の松原で八月十七日の月夜に男と語らっていた女が、手足だけ残って胴体と頭はなくなっていた。

凡ソ骸《かばね》散タル事無クシテ、只手足ノミ残タリ。其時ニ人集リ来テ、見喤《のの》シル事、無レ限シ。此レハ鬼ノ人ノ形ト成テ、此ノ女ヲ噉テケル也トゾ、人云ケル。

とあるのは、あの相手の男が鬼だったのだろう、という推測がなされて、女の姿が見えなくなったのである。

　このような鬼一口型の説話では、いわゆる鬼形の鬼や鬼婆が出てきて人を食べるのではなくて、全く鬼の姿は見えなかったり、通常の男であったりして、しかも女の姿は消えてしまう。もちろん、後に指や手足や頭がのこった、というのは、これが単なる失踪ではなくて、鬼啖であることをしめすための説話的作為《フイクシヨン》であろう。このような説話を合理的に説明するのは邪道であろうけれども、古代、中世までは、山や森や夜は危険が一杯で、行方不明者があったり、人攫《さら》いに攫われたり、自己暗示にかかった精神症の失踪者が多かったはずである。私の子供のころは、よく子供の神隠しがあって、深夜、鉦《かね》太鼓で子供の名を呼んであるく村人の一団が見られた。柳田国男翁も『山の人生』に、そのようにして山に消えた人々の消息を多数あげている。

要するに、鬼一口のモチーフの背景には、しばしば突如姿を消してしまう失踪者の出る社会的背景があった。それが山に多かったために、山の神ならば神隠しといい、鬼や山婆ならば鬼一口としたもので、これを古屋敷や古御殿ならば、物怪《もののけ》を鬼として鬼一口といったものとおもわれる。「食わず女房」は、この鬼一口が鬼や山婆の固定概念となって、昔話のメインテーマになった一群の説話である。

三　山姥のかつぐ桶

「食わず女房」の構成の第二段では、男が女房の正体を見て暇を出すと、かならずといってよいほど桶をもらって山へ帰る。そのときいろいろの手段で、男を桶に入れて担いでゆくのである。

この桶は青森県八戸《はちのへ》や五戸《ごのへ》では、箱となっており、その中へ男を入れてゆく（『昔話研究』）。岩手県はほとんど桶であるが、稗貫《ひえぬき》郡八重《やえ》畑《はた》村（現・花巻《はなまき》市石鳥谷《いしどりや》町八重畑）では「尺八はんぎり」となっていて、盥《たらい》状の桶である（『すねこ・たんぱこ』）。山形県東田川《ひがしたがわ》郡余目《あまるめ》町（現・庄内《しょうない》町）に「はぎり」とあるのも、「はんぎり」であろう。ところがおなじ郡の狩川《かりかわ》町では、女房を「早棺」（早桶か）に入れて捨てるとすぐまた帰ってくるので、菖蒲と蓬を軒に挿すことにした、となっている（『昔話研究』）。

棺桶に男を入れて山へ行くのは、四国愛媛県宇摩《うま》郡金田《かなだ》村（現・四国中央《しこくちゅうおう》市金田町）や九州熊本県天草《あまくさ》郡でもおなじなので、この昔話の要素をなす桶は棺桶だったと推定して、山へ死者を送る「山送り」の葬送儀礼が背景にあった、といわざるを得ない。というのは、「食わず女房」が正体をあらわした山姥が、桶をほしがったり、桶に男を入れて蓋をして縄をかけて山へ行く、という必然性は、葬送の桶棺（早桶）よりほかにかんがえられないからである。そして山には風葬、林葬または土葬の墓地があり、そこから霊鬼としての鬼婆や山姥が出てきて、人を食うという鬼一口のモチーフができたものとおもわれる。

しかしこの昔話では、男は死んではいない。それは、目に見えないはずの霊鬼、物《もの》怪《のけ》が美しい女房として表象化されるとおなじく、男が生きていなければ物語が進行しないからである。それでも桶の必然性を出すために桶屋とした話が少なくないし、男を桶に入れる手段がいろいろある。桶を風呂桶としたものが圧倒的に多いのは、男をだまして風呂へ入れて、そのまま蓋をして担いでゆく発想が自然だからである。

　また桶の代りに甕や瓶、袋、籠《かご》、臼《うす》などというのもある。甕や瓶が九州に多いのも、九州ではつい最近まで甕棺葬《かめかんそう》がのこっていたことと対応している。一つは壱岐《いき》の勝本《かつもと》町で、嫁は山姥に変化《へんげ》して男を甕に入れ、それを担いでゆく（『壱岐昔話集』山口麻太郎）。また熊本県球磨《くま》郡湯前《ゆのまえ》町では、山姥は、俺のした事をお前は見たろうといって、男を瓶に入れて山へ運んでいった。しかし男は途中で逃げ出してユズリハとウラジロの中に隠れる。すると山姥は「大歳の晩に蜘蛛になってきて、取って食うちゃる」といって、あきらめて帰るが、大晦日に蜘蛛になって自在鉤《じざいかぎ》を下りてきた山姥は、男につかまえられて炉にくべられてしまう（『昔話研究』）。九州でもこの球磨《くま》郡や上益城《かみましき》郡、福岡県八女《やめ》郡あたりは、とくに甕棺葬が残留した地方で、人吉《ひとよし》市の墓地の改葬には多数の甕棺が出た話をきいた。上益城の五家荘《ごかのしょう》でも、甕が残っている限りは甕棺を使うという家があることを、私は昭和三十二年に聞いている。このようなところで男が甕に入れられて山へ運ばれるという発想は、甕棺が原型であったと推定してよいであろう。

　桶の代りに、山姥が男を袋に入れて担いでゆくというのは、九州の天草や摂津《せっつ》の川《かわ》辺《べ》郡などにある（『北斗』一二〇）。これも不可解な要素であるが、風葬では布で死者を掩《おお》ったらしく、この布を「野草衣《やそうえ》」とよんだことが、平安末期の葬送故実書『吉事略儀』に見え、おなじことは『兵範記』（仁安《にんあん》元年九月二十四日）や『玉葉』（文治《ぶんじ》四年二月二十二日）にも出ている。これがのちに曳覆曼荼羅《ひきおおいまんだら》や野袈裟《のげさ》から経帷子《きょうかたびら》、頭陀袋《ずだぶくろ》になったものと、私は推定しているが（拙稿「葬と供養」第三十四回『東方界』91号昭和五十六年五月号参照）、昔話ではこれを袋として語るようになったのではないかとおもう。私は備中新見《びっちゅうにいみ》の山村で風葬の伝承のある「野葬場《やそば》」という谷へ案内されたことがあり、風葬の「野葬衣」が「野草衣」になったものと考えている。わが国の風葬は、すくなくも平安時代末の作品である『餓鬼草紙』に描かれているので、そのころの残像から、「あだしが原」（安達ヶ原）の鬼婆も「食わず女房」の山姥も生まれたといってよい。したがって、この霊鬼は棺桶にあたる桶や、甕棺の甕や、野草衣の袋などの薄気味の悪い道具立を持たされたのである。

四　「食わず女房」とフキゴモリ

「食わず女房」の第四段目では、菖蒲と蓬が重要な要素である。この昔話は五月五日に菖蒲と蓬を軒に挿す由来をかたったものともいえる。各地の類話では五月節供《せっく》の話とするものが大部分で、ただそれから菖蒲・蓬を挿すようになったとかたられるのは、五月節供以外に菖蒲・蓬を屋根に挿すことはないので省略したまでである。

ところで、五月五日は端午《たんご》の節供で目出度《めでた》い日とし、また男の節供ともいって鯉幟《こいのぼり》をあげ、武者飾りや具足飾りをするのが現状である。そして、菖蒲と蓬は中国の端午の行事から来たとすることは、もはや常識になっている。今でも新聞の文化欄や家庭欄に、五月五日の由来として書かれるのはこの常識の方であるが、宗教民俗学の立場からは、この日について「女の家」という伝承のある方を大事にする。

中国の年中行事書の一つである『荊楚《けいそ》歳時記』には、

五月五日、之を浴蘭節《よくらんせつ》と謂ふ。四民並びに百草を踏む。又百草を闘はすの戯あり。艾《よもぎ》を採りて以て人形に為《つく》り、門戸の上に懸け、以て毒気を禳《はら》ひ、菖蒲を以て或ひは鏤《ちりば》め、或ひは屑とし、以て酒に泛《うか》ぶ。

とあるのがその故事である。しかし、艾（蓬）の人形を作ってこれに菖蒲を挿すことはあっても、この二つの草を屋根に挿すことはない。むしろ五月は悪月なので、屋根を蓋《おお》ったり、屋根に上るのは禁忌されたとある。

五月は俗に悪月と称し、多く牀薦席《とこのこもむしろ》を曝《さら》すを禁忌し、及び屋を蓋ふを忌む。（中略）俗に五月、屋に上らずと云ふ。五月、人或ひは屋に上り、影を見れば、魂便《すなは》ち去ると。（下略）

というので、菖蒲・蓬で屋根を葺《ふ》くなどは思いもよらないことであった。しかし私は、この昔話の背景には、祭の籠屋《こもりや》を菖蒲・蓬で葺いた時代があったものとかんがえている。なおいえば、藁《わら》（麦稈《むぎわら》）真菰《まこも》で籠屋をつくったが、中国の端午にならって、屋根だけを菖蒲・蓬で葺いた時代があり、のちに形式化して、屋根に数本の菖蒲・蓬を挿すだけになったものとおもう。

五月五日、またはその前夜を「女の家」や「女の屋根」といって、村の女子が宿へあつまり、仕事から解放されて遊ぶことができる民俗は、日本各地からの報告がある。たとえば豊後《ぶんご》臼杵《うすき》市諏訪《すわ》（旧海辺《あまべ》村）や井村《いむら》（旧北津留《つる》村）では、五月五日に蓬と萱を屋根に挿して、その日一日を「女の家」と称して休む（『沿海手帖』）。四国では、私が調査を指導した大谷大学総合民俗調査のとき、土佐長岡《ながおか》郡本山《もとやま》町の「女の家」では、五月五日に女の人が蓬と萱と菖蒲で屋根棟を葺いたという聞書がえられた。ただ妊娠者は「ふきこもる」ので、これに加わらなかったという（『土佐本山町の民俗』昭和四十九年）。また阿波の名西《みようざい》郡地方では「女の夜」といったというので、その前夜から「夜ごもり」をしたことがわかる。すなわち蓬・萱・菖蒲で葺いた家に、一日一夜またはそれ以上お籠りをしたことの名残りである。また讃岐五郷《さぬきごごう》村（現・観音寺《かんおんじ》市大野《おおの》原《はら》町）では「女の屋根」といい、「今夜はをなご衆の家ぢゃけに威張る」とか「こいさら肩ひろげて足伸ばして寝られる」とかいったという（柳田国男翁『家閑談』）。

柳田国男翁はこの民俗を東北地方の「オカタボンダシ」や、京都の女房の「タナオロシ」に関係づけて、女権の制限をする行事としているが、田植に関係があるだろうともいっている。讃岐では五月五日を「女の家」ともいうが、また五月五日を「御霊《ごりょう》の節句」ともいって、水に入れば御霊に取られるともエンコ（河童）に取られるともいう（『讃岐佐柳島《さなぎ》志々島《しし》昔話集』）。これは関係がないようで関係があり、この御霊をふせぐために蓬と菖蒲の「女の家」が必要だったのであろう。

「女の家」が山陰《さんいん》地方にもあることは、大谷大学の総合民俗調査でわかった（『但馬美方郡の民俗』昭和四十六年）。すなわち但馬の浜坂《はまさか》町や温泉《おんせん》町（現・新温泉町）では、五月五日を「女の家」とよんで、去年の節供から今年の節供までのあいだに嫁の来た家へ、四日の晩に青年たちが幟《のぼり》を立てにゆくという聞書が得られた。ここでは菖蒲と蓬で屋根を葺くことは脱落したが、五月五日の幟が「女の家」のために立てられたことを類推させる貴重な聞書であった。私が鯉幟と菖蒲（尚武）の節供の起源を「女の家」に置いたのは、この聞書があったからである（拙著『続・仏教と民俗』昭和五十四年・角川書店刊）。しかも但馬の津居山《ついやま》（旧港村、現・豊岡《とよおか》市）では、五月五日には「女の家」という名称は忘れられたけれども、女衆が宿にあつまって一日遊ぶ風習があり、このことは因幡《いなば》の方でも行われた伝承が聞かれる。

近畿《きんき》地方の例については、例の近松《ちかまつ》の『女殺油地獄』（下）に、三界に家なしとい

う女について、

葺き馴れし年も庇の、蓬菖蒲は家毎に、幟の音のざわめくは、男子持の印かや。(中略)嫁入り先は夫の家、里の棲み処《か》も親の家、鏡の家の家ならで、家といふ物なけれども、誰が世に許し定めけん。五月五日の一夜さを女の家といふぞかし。

と、この夜ばかりは大威張りできる日だというのがある。名古屋《なごや》付近でも、五月五日を「女天下の日」という言葉がのこっているという。また大谷大学で昭和四十九年におこなった美濃郡上郡美並村《みのぐじょうみなみ》(現・郡上市美並町)の総合民俗調査では、「フキゴモリ」の聞書が得られた。同村木尾《こんの》の古田ゆきの女(七十一歳)は、五月五日はフキゴモリだから蕗《ふき》を食べる日で、三節句の酒をのめば長生するという。これは五月五日に菖蒲・蓬で「屋根を葺いて籠る」ということを忘れたからであるが、柳田国男翁の『歳時習俗語彙』では、出雲石見《いわみ》地方で、六月十五日(蓮花会《れんげえ》)をフキノタンジョウビとするのと関係があるかもしれない。六月十五日は多くの地方で祇園《ぎおん》祭または河童封じをするので、五月五日を「御霊《ごりょう》の節供」というのとおなじだからである。

これはまた、六月一日を「オニツイタチ」または「オニノホネ」といって、鬼に追われて蓬・菖蒲の中にかくれて助かった日だという伝承が、北陸《ほくりく》から東北地方にある。「女の家」の関東《かんとう》地方の例では、相模津久井郡《さがみつくい》(現・相模原市)地方で五月五日に菖蒲・蓬を屋根に挿して「女の屋根」ということは有名で、神功《じんぐう》皇后の故事をつたえる。

伊豆《いず》大島《おおしま》でも同様で、武蔵《むさし》入間《いるま》郡では五月四日を「夜節供」、上州《じょうしゅう》多野《たの》郡《ぐん》万場《まんば》町（現・神流《かんな》町）では「女衆の家」（『万場の方言』）といい、同甘楽《かんら》郡甘楽町秋畑《あきはた》では「フキゴモリ」といい、女が上座にすわるという（『文部省緊急民俗資料調査』）。おなじ資料には、信州下伊那《しもいな》郡清内路《せいないじ》村でも五月四日を「女の天下」というとある。

このように、「食わず女房」型の昔話で、山姥に食われる危害からまぬがれる菖蒲・蓬が、女性の忌み籠る「女の家」に関係があるという伝承は、実に日本全国にわたって採訪される。ことに「女の家」の由来を「食わず女房」の昔話で説明するのは土佐に多く報告されているので（『日本の民俗』高知県）、この両者の関係は今はうたがう余地はない。そうすると、「食わず女房」の四段目の成立する背景に「女の家」があったことはたしかだ、ということができる。

五　五月乙女の忌籠りと菖蒲御殿

「女の家」を菖蒲・蓬で葺いたことに対応して、宮廷の儀礼には「菖蒲御殿」や「菖蒲輿」を五月四日に葺くことがあった。『讃岐典侍日記』（嘉承《かしょう》三年五月四日）に、

さうぶ《（菖蒲）》のこし《（輿）》、朝がれゐ《（餉）》のつぼ《（坪庭）》にかき《（舁）》たてゝ、殿ごとに人々のぼりて、ひまなくふき《（葺）》しこそ、みづ野のあやめ《（菖蒲）》も今日はつき《（尽）》ぬらんと見えしか。

とあり、『後水尾院当時年中行事』（五月五日）には、

清涼殿の東庭、おにのま《鬼の間》のとほりに、高らん《欄》に添て、さうぶ《菖蒲》の御殿とかやいふものをたつ。あやめ《菖蒲》のこし《輿》なるべし。あやめのこしは六府のさたとみえたれど、

（下略）

ともあり、もとはこの中に女性が「葺き籠った」はずであるが、それではなぜ女だけがこれに籠ったのであろうか。これは五月が「さつき」で「さ」（田の神）を祀る月であり、女は「さおとめ」（五月乙女）として田の神に仕え、田を植える清浄な神女の資格を得るための忌籠りと推定される。

しかし旧暦の五月や六月は、疫病や洪水などをおこす御霊悪霊《ごりょうあくれい》の横行する月なので、それから免がれるとともに、穢を遠ざけるために、聖なる草で籠屋を葺く必要があった。籠屋はもともと真菰などを使ったであろうが、中国の影響をうけて菖蒲と蓬をまぜて葺くようになったのであろう。またこの籠屋の前には悪魔が近づかないような恐ろしい顔の藁人形を立てて、男子が警護したものとおもわれる。この人形を鍾馗《しょうき》や武者の絵を書いた幟に代えたので、但馬の美方《みかた》郡のように、青年が女の家へ幟を立てにいったのである。この仮屋には魔除《まよ》けの五色の幣帛《へいはく》も立ててたであろうが、これが五色の布の吹流しとなり、また鯉幟の吹流しになったと推定することは、コロンブスの卵よりも容易である（拙稿『続・仏教と民俗』所収、「女の家伝承と聖神」参照）。

ところで「食わず女房」では、このような五月《さ》乙女《おとめ》の籠る「女の家」をうかがう御霊、悪魔は山から来ると信じられ、それが昔話の中では山姥となった。この山姥の原形は鬼であるが、鬼の原質は死者の霊である。中国で死者の魂《こん》と魄《はく》を鬼《き》であらわしたのも、この文字が死霊を表記するからである。日本では死者を葬る葬地として、村にちかい山の麓《ふもと》や中腹がえらばれることが多かったので、鬼は山から来るという話が多くできた。これが山姥というものの宗教民俗学的な理解である。このように理解すると、山姥や鬼に関する信仰や説話がスムーズに解釈できるであろう。

京都でも、鴨川《かもがわ》を越えた東山の山麓《さんろく》が鳥辺野《とりべの》の葬地であった。その北境に御霊をまつる祇園御霊社《ぎおんごりょうしゃ》ができたのは当然で、白河《しらかわ》法皇が祇園女御《ぎおんのにょうご》の許《もと》に通うとき、平忠盛《たいらのただもり》が鬼の正体を見破ったという話も、鳥辺野葬場を背景にしている。また鳥辺野の中を通る清水坂《きよみずざか》で、一寸法師と姫君の前に鬼があらわれて、一寸法師をひと呑《の》みにするのも偶然ではない。そのような山の葬地に死者を送るために棺や桶（早桶）や甕や袋がもちいられたから、「食わず女房」でも、山姥が男を攫うのにそのようなものに入れたと語られたのである。すなわちこの型の昔話は、山の葬地から荒《すさ》び出て人間に害をなす死霊への恐怖と、その恐怖からいかに逃れるかをテーマとし、鬼一口をモチーフとして物語られたものということができる。

山姥と鉄鎖

一　「天道さん金の鎖」の荒筋

昔話の蒐集家《しゅうしゅうか》が「牛方山姥《うしかたやまんば》」と名付ける一群の昔話は、たたりやすい山の神（山姥）に手向《たむ》けの散飯《さば》をあげる縁由《いわれ》をかたる神話または縁起が昔話化したものであり、「食わず女房」は山中他界への風葬儀礼と、そこから里に降りてくる荒魂（山姥）への恐怖観念を背景にして語られた昔話であった。

そのほかに「鬼むかし」はたくさんあるが、蒐集家が「天道《てんとう》さん金の鎖」とよぶ一群の昔話は、修験道の山伏が入峰修行《にゅうぶしゅぎょう》するときの鎖が「金の鎖」のモチーフになっている、と私はかんがえている。「金の鎖」というから赤シャツの懐中時計の金鎖のような誤解をするけれども、これは鉄で作ったカネの鎖だということを前提としておかなければならない。このような私のヒントを頭において、この型の昔話を読むと、その不思議な謎が解けてくるであろう。鉄鎖や綱《つな》などの入峰修行の道具が出てくるのをみると、これを語ったのは山伏であり、山伏の手をはなれてから、いろいろの付加的ファクターが加えられて、わけのわからない昔話になってしまったのである。

まず「天道さん金の鎖」の標準的な筋をのべておこう。普通、父のない母親だけの家に三人（または二人）の子供があり、母親は磨臼《すりうす》引きや機織《はたお》りの手間賃かせぎ、または薪伐りや買物に出て子供を養っていたが、帰宅途中で山姥に食べられてしまう。これも鬼一口型である。そこで山姥は三人の子供も食べようとして、母親に化けて家に入ってくる（赤頭巾《あかずきん》型では、声や手足を母親に似せて戸を開けさせ、入るなり一人食べてしまう）。母親に化けた山姥は末子を抱いて寝るが、末子を食べてしまって小指を二人の兄弟のところに投げてくる。ここまでが第一段で「山姥（鬼）が人間を食べる」というモチーフである。

第二段では、兄弟は、母親とおもったのは山姥だったと知って、逃げ出す。――この逃走の手段に「金の鎖」がつかわれるのであるが、従来は、なぜここで「金の鎖」がファクターとして出てくるか、という疑問すら持たれなかった。それほどに従来の昔話研究では話の要素の必然性には無関心で、なにか外国の昔話との共通性はないものかと、その方にだけ気をとられていた。したがって「金《きん》」というからにはどこか西洋のメルヘンにでもあるのだろうとおもわれていた節がある。昔話が学問の研究対象として正面から取り組まれていなかった証拠である。

しかし多くの「天道さん金の鎖」型の昔話は、山姥から兄弟が逃走するのに、まず井戸端、または池の畔《あぜ》の木に木登りして逃げようとする。これは後にものべるように重要なモチーフである。ところが山姥は兄弟の逃走に気付いて追ってくる。そして井戸または池に映った影で、二人が木の上に登っていることを知る。そこで山姥は兄弟に、お前たちはどうしてそこまで登ったかと聞く。すると兄は、足に油を塗って登ったと嘘をいい、弟は、鉈《なた》または鎌で木に刻みをつけて登ったとほんとうのことを言う。山姥はまず兄の言うとおり油を足に塗って登ると、辷《すべ》って登れない。そこで弟の言うように鉈で木に刻みをつけると楽々登れたので、兄弟の足に手のとどくところまで登ってきた。ここで木登りの手段として、鉈で切目をつけて辷らないようにするモチーフが、ほとんど全国的に採集できることに注意しておく必要がある。これは子供の昔話だから「子供の頓智《とんち》」だろうぐらいにかんがえると、この昔話の謎を解くことはできない。

第三段では兄弟は山姥につかまりそうになったので、

天道様、金の鎖を下げてください！

と叫ぶと、金の鎖が下ってきた。兄弟はこれにつかまって天に上り兄弟星になった、という話が多いが、『佐渡昔話集』などでは、兄は太陽になり妹は月になったとある。また『安芸国昔話集』では、天道様は兄弟二人を月にしたとあるのは、天道が太陽だから兄を太陽にすることは出来ないとおもって、二人共月にしてしまったのであろう。これが四国三好郡三縄《みなわ》村（現・三好市池田《いけだ》町）や三好郡東祖谷《いや》山村（現・三好市東祖谷）の場合はお月お星になり、讃岐高松《たかまつ》付近では明《あけ》の明星と宵の明星になったといい、南西《なんせい》諸島では月のお伴になって天を巡っているとする。いずれも天に昇ったことをモチーフにしているが、これは山の頂上を「空《そら》」ということに関係があるし、二人は天に上って神になったことを言おうとしたものであろう。

第四段は第三段の裏で、兄弟を木の上まで追いかけてきた山姥は、これも天へ登ろうとして天道様に祈ると縄が下りてくる。それにつかまると縄は切れて地上に落ちて死んだが、そこは蕎麦《そば》畑であった。蕎麦の茎が赤いのはそのとき山姥の血に染まったからだという。この第四段はこの昔話にとって本質的ではないが、勧善懲悪の物真似というテーマばかりでなく、奥山家の山畑や焼畑につくられるのが普通だった蕎麦は、山の神の賜物《たまもの》という観念があって、山姥の血に結びついたのであろう。この結末は、秋の夕焼けをうけた山の斜面に、白い花と赤い茎のひろがる蕎麦畑を連想させるし、山紅葉を山姥の織る錦《にしき》とおもう山人の山姥への想いを反映したものといえよう。

二　日本の昔話とグリムの昔話

この類型の昔話は意外にひろく分布していて、青森から沖永良部島《おきのえらぶ》までの採集が報告されている。これに「天道さん金の綱」という名称をつけたのは柳田国男翁であるが、これは天草地方から報告された「天道さん金ん綱」（『昔話研究』㈠）に拠《よ》ったのであろう。したがってこの「金ん綱」は「カネの（ん）綱」と発音されたのであろうが、柳田翁はこれに対して、

これが日本の「赤頭巾」または「七つの小羊」である。

という解釈をつけている（『日本昔話名彙』）。したがってこの昔話を十分に分析せず、また本質を理解していなかったのである。またこの類型名を踏襲した関敬吾《せきけいご》氏も、

グリムの五番の「狼と七匹の仔山羊」は、狼が母山羊の留守にやって来て仔山羊を食つてしまふが、親山羊が帰つて狼の腹を切り開いて助けるといふので、我国の話と完全に一致するものではないが、これと同一系統のものであらう。グリムに於ては逃竄《とうざん》の条が欠けてゐる。我国にもこれと同一のものが福岡で採集されてゐる。（中略）これは私の知る限りではただ一例で、或はグリムによるものであらうか。（下略）（『日本昔話集成』「天道さん金の鎖」の註）

と解説する。「我国の話と完全に一致するものではない」と思うならば、その相異する点こそ「日本昔話」の本質ではないだろうか。関氏も福岡の例のように、今の話者は孫の絵本かなんかでグリムを知っているかもしれないと疑っている。「同一系統」

というのも曖昧《あいまい》で、グリムのメルヘンの伝播《でんぱ》したものなのか、ただ偶然似ているのか、あるいは日本固有の昔話にグリム的なものが混入したと見るのか、はっきりしない。

私も恩師柳田翁や、大先輩で日本昔話の最高権威でいらっしゃる関氏に憎まれ口を叩《たた》くのは本意でないが、一般文化論とおなじく、日本の昔話をすべて外来の伝播とする前に、何か日本の庶民信仰や庶民伝承が基になっていないかどうか、一顧を与えてもよいのではないかとおもう。すくなくも明治以後の昔話伝承には外来説話の混入は避けがたい。しかしすべてが外来なら、日本民族の固有文化の特質をあきらかにしようとする民俗学が、昔話をとりあげる意味はない。それとも、日本民族の外来物真似《ものまね》性を、昔話を通して明らかにしようとするのであろうか。

それはともあれ、この型の昔話は、山姥（山の神）への恐怖と、人間が木に鉈《なた》で刻みをつけて高所に登る智恵と、カネの鎖で高い所へ登るという山登り手段が中心テーマであることは、すべてのヴァリエーションに共通していることで推論されよう。すなわち第一段では、山姥の恐怖を、母親や子供を食べることで表現するが、これが荒魂としての山の神の恐怖を表現するものであることはいうまでもない。ただこれに、後家の手間賃かせぎのようなかつての社会環境や、山姥が家に侵入するために子供をだます手練手管などで尾鰭《おひれ》をつけ、その尾鰭に「七匹の仔山羊」などが混入してくる。

人間はその厄難からのがれるために、人間の智恵や善意や腕力、体力とともに神仏、祖霊の助力をあおぐ、というのがすべての昔話に共通の構造である。構造主義などと勿体《もったい》ぶらないでも、それは常識である。ところがこの「天道さん金の鎖」――私はこれを「山姥と鉄鎖」とよぶことにするが――の型では、厄難からのがれる人間の智恵として、立木に鉈で刻みをつけて、辷らないようにして木登りする、という手段がとられ、神の恩寵《おんちょう》として鉄の鎖が下ってくる。人間の智恵の中に、油を流したりこぼしたりして追跡をのがれるということも何か意味があるのであろう。

この型の昔話を特徴づけるのは、他の昔話に見られない木登りと鎖登りというモチーフである。このモチーフが外国の昔話にあれば私も知りたいが、日本ではこれが修験道の修行の重要な行事なので、山神を恐れ、山神をまつり、即身成仏（人間が仏になる）と即身成神（人間が神になる）を目的とする山伏や山人の生活と意識がこの昔話に反映していないかどうかを見てみよう。

三　山伏の入峰修行と木登り、鎖登り

修験道の入峰修行には、いま高所に登るための手段としては「貝《かい》の緒《お》」（螺《ら》緒《お》）というザイルをもちいる。法螺《ほら》貝《がい》の緒であるが、新客十六尺、度《ど》衆《しゅ》二十一尺、先達《せんだつ》三十七尺（十一メートル）という長さがあるのは、崖《がけ》などを登ったり、登れない者を引き

揚げたり、遭難者を救助したりするのに使うからである。私は大峯奥駈《おおみねおくがけ》修行に参加して、前鬼裏行場《ぜんきうらぎょうば》という厳しい行場の「天《てん》の二十八宿《しゅく》」と名付けられた断崖《だんがい》で、登ることも降りることもできなくなって、二人の先達の貝の緒で引き揚げられたことがある。『おきのえらぶ昔話集』ではこの類話を「天道さん強い綱《つな》」としているのは、「金《かね》の鎖」ばかりでなく、このような綱で高所へ登る話が原話にあったことを暗示する。

しかしそのような断崖は江戸《えど》時代になると、もっと安全性のある鉄鎖を下げておいて「鎖《くさり》の行場」とするようになる。これが「金《かね》の鎖」によって頂上に登り、即身成仏、即身成神を体験することが、「天に登って神になる」ことに反映していないだろうか。四国の石鎚山《いしづちやま》にのぼった者ならば、一の鎖八メートル、二の鎖十二メートル、三の鎖十五メートルにおののいたこととおもうが、頂上は石土毘古神《いしつちひこ》（旧石鎚神または蔵王《ざおう》権現《ごんげん》）の座である。私はこの鎖に単独でのぼって三の鎖の途中で立往生し、「行者の隠し鎖」で助かったことがある。これなどは昔は役行者《えんのぎょうじゃ》のお助け鎖と感じたことであろう。

私はロッククライミングを知らないが、先頭を行く者は、ザイルを崖の上に固定するには、すぐれた技術が要るであろう。鉄鎖がない時代には先頭の先達は、なんらかの方法で貝の緒（ザイル）を崖に引掛けなければならないから、おそらく貝の緒の先に鉤《かぎ》をつけて、上の木の枝などに引掛けて固定したであろう。今も枝打ちの山林労働

大峯山の鎖の行場（写真提供：天川村）

者が大木に登るのにもちいる方法である。『二戸の昔話』では、山姥に木登りの方法をきかれた姉が「鈎引《かぎひき》かけてのぼった」というのはこれであろうし、大阪泉北《せんぼく》郡（現・高石《たかいし》市）取石村の『とろし』（宮本常一氏）では「鎌掛けてのぼった」というのも、鎖鎌のような綱であろう。

　また第二段の「鉈や鎌で木に刻みをつけて登る」という方法は、おそらく綱や鉤や鉄鎖より古い山伏の登攀《とうはん》法であろう。木に刻みをつけるには鉈と語るのがもっとも多く、斧《おの》や鎌や出刃包丁がこれに次ぐが、山伏ならば斧か山刀である。これが山伏の木登りの遅速を争う「験競《げんくら》べ」になったものとおもうが、丸太に刻みを入れて断崖に立て

大峯山の鎖の行場（写真提供：天川村）

かけ、これを伝って登る方法は、やがて梯子《はしご》になったであろう。梯子は今のロッククライミングにももちいられるけれども、私は、最初は丸太に足の乗るだけの段々をつけた梯子で、佐渡《さど》相《あい》川《かわ》の博物館に保存されている坑道の水揚げ用の丸太梯子のようなものだったろうとおもう。これが「刻み梯子」で、「きざはし」の起りであろう。

　このような梯子はやがて木製の二間、三間の梯子になったのであろうが、これを想定させるものに、出羽《でわ》三山《さんざん》の湯《ゆ》殿山《どのさん》から月山《がっさん》へ登る難所の「金月光《かねがっこう》」がある。この月光坂《がっこうざか》は上が「金月光」、下が「水月光《みずがっこう》」で、水月光は急流の流水中を徒渉《としょう》してのぼり、やがて鉄梯子の何段も続く「金月光」にかかる。三十メートルほどの鉄梯子が五段つづき、私が引率していった女子学生は恐れて立往生してしまったことがある。この梯子が鉄になったのも近世になってからで、もとは木の梯子、その前は丸木梯子、その前は丸太に刻みを入れて攀《よ》じ登ったものと推定される。

そのほか『昔話の研究』(広島)には、「木に鎌を打込んでのぼった」という木登り法がかたられている。これは今のロッククライミングのピトンと鐙《あぶみ》に似ているが、この方法の残存が今の山伏の「験競べ」にのこった「剣梯子《けんはしご》登り」であろうとおもう。「刃渡《はわた》り」ともいって、木曾御嶽《きそおんたけ》行者だけが伝承して、見物人の度肝《どぎも》を抜く特技である。刃のある剣十三本で梯子をつくり、裸足《はだし》で白刃《はくじん》を踏んで登る。さすが無鉄砲の私も敬遠した荒行である。これらの木を登る法のもっとも原始的方法が、鉈で刻みをつけて登る方法で、これが「山姥と鉄鎖」の昔話に例外なくかたられているのである。この昔話の「木に刻みをつけて登った」は、日本人の、とくに山の民の生活と汗がにじみ出た話であって、軽々しく見のがすわけにはゆかない。

ところがこの木登りを競う「験競べ」は、各地の修験の山の「柱松《はしらまつ》行事」にのこっているのだからおどろく。柱松といっても、木の柱に木登りして頂上に点火したり御幣を切ったりするところと、下から柱の頂上の「火受け」に小松明《こだいまつ》を投げ上げて点火するところとある。ここで「山姥と鉄鎖」に関係があるのは、木登りして点火または御幣切りをすることで、その代表的なものが、福岡県京都《みやこ》郡苅田《かんだ》町等《と》覚寺《かくじ》の白山多賀《はくさんたが》神社柱松行事にある。高さ十三メートルの柱に登って、御幣切りをする。これを箱根《はこね》修験では「神木《しぎ》登《のぼ》り」といっていたことが『新編相模風土記』（巻之二十八）に見える。

　例祭（箱根権現例祭）六月十二日より十四日に至る。十三日は神輿神幸の儀あり。其式は神輿本社の四辺を三度廻れるのみなり。この日、先達、山伏、神木登と云事を勤む。神木登は支伎濃保利と訓ず。

とあり、江戸時代には「験競べ」であることを忘れてしまった。戸隠修験にもこれがあったことは、長享《ちょうきょう》二年（一四八八）の『戸隠山顕光寺《けんこうじ》流《る》記《き》』に見え、

　夏の末、又柱松と云ふは、煩悩の業を焼尽し、幷《ならび》に一夏行徳《いちげぎやうとく》の威験を顕はすなり。（原漢文）

とある。戸隠ではいまは絶えたけれども、長野県飯山《いいやま》市針田小《こ》菅《すげ》神社にこれがすこし形を変えて今ものこっている。また熊本県阿蘇郡波野《なみの》村中江《なかえ》（現・阿蘇市波野中江）の荻岳《おぎだけ》にも柱登りがある。かつては日本中各地にあったので、この種の昔話は説明を要せずに受け入れられたのであろう。

　油をこぼすとか油を塗るというモチーフも、修験道にはしばしば修行路に「油こぼし」というところがある。大峯山でも「油こぼし」は登るのに辷りやすい巨巌《きょがん》で、私はそこで急にひだるくなって登れなくなった経験がある。これは空腹であったことと、「油こぼし」という妖怪の話を知っていたことによるのかもしれないが、山姥のよう

な霊物がおるので、そのような所では石に油を供えたり油をかけたりする祭り方があったのかもしれないとおもう。これが昔話では油をこぼして山姥の追跡をのがれるモチーフの源であったと推定する。

以上のように「山姥と鉄鎖」（「天道さん金の鎖」）という一群の昔話は、その骨格をなすモチーフに、山の神の恐怖的側面である山姥（鬼）の恐れと、山伏の入峰登山の木登りや鎖登りがもちいられている。したがって山伏か山人が修験道行事をもとにして物語化し、それが各地にヴァリエーションを生んだものとかんがえられる。しかしこのようにこの昔話を解釈してしまうと、きわめて常識的になってしまって、神秘的な文学性を失うという不平も聞かれるような気がする。それでもやはり昔話はその成立の背景をあきらかにすることによって、民族の過去の生活や信仰や思想を知る手掛りを与える民族的遺産であることを、否定することはできないであろう。

「鬼の子小綱」の原点

一　「鬼の子小綱」の構成とモチーフ

日本中にはかなり多くの、「鬼の子孫」という伝承をもった村や集落がある。かつて修験道のあった山の周辺に多いのは、山中生活民が山神に奉仕する山伏身分で、山《やま》先達《せんだつ》をつとめる超人的体力や逞《たくま》しい肉体をもっていたり、平地の民とは異なる生活様式をもっていたことにもよるであろう。大峯山の前鬼《ぜんき》の村（奈良県吉野《よしの》郡上北山村前鬼）や後鬼《ごき》の村（同上天川《てんかわ》村洞川《どろがわ》）などはその代表的なものである。昔話の鬼の原像は「山の神」と祖霊（荒魂）であるといっても、鬼の子孫という伝承は、鬼と人間の異類婚姻談がなければ成立しない。山神の化身である猿や蛇、あるいは鬼婿入の昔話は、この異類婚姻がオリジンであろうが、鬼の場合は多く娘を攫《さら》っていって鬼の子を生ませ、その母子が鬼の追跡をのがれて人界に戻ってくる逃走談になっている。

本来、鬼の子孫という伝承は誇りをもって語られたはずであり、葛城《かつらぎ》修験に属する紀州那賀《きしゅうなが》郡粉河《こかわ》町（現・紀《き》の川《かわ》市）中津川《なかつがわ》などは、前鬼の子孫という名分《めいぶん》で士分《しぶん》を以て遇せられ、名字帯刀を許されたという。しかし、鬼を悪鬼羅刹《あっきらせつ》とする仏教の影響で、鬼は人間を食うとか人間の女を攫うという話ができたものとおもわれる。したがって、鬼の昔話の中間項には仏教説話または縁起談が介在したと私はかんがえているが、「鬼の子小綱」などはまさしくその一例とすることができるであろう。すなわち、この昔話の原話に近いものは、『古事記』の大穴牟遅《おおあなむぢ》神（大国主命）の神話にあり、これが『日本霊異記』（上巻第三話）の道場法師の唱導説話となり、またお伽草子の「梵天国」ともなって、昔話の「鬼の子小綱」が成立したものと、私は主張したい。これを論証する前に、この話の筋を四段に分けて整理しておくことにしよう。

　まず第一段は甲型と乙型があり、乙型は、鬼が女を攫って山の中に連れてゆき、子供を生ます、となっており、甲型は、百姓が田植をしようとすると、水口に大きな石が邪魔になって水が入らない。そこで百姓は、この石をのけてくれたら娘をやるんだが、と独り言をいうと、鬼が出てきて大石を投げ飛ばしてしまう。そして三番目の娘をもらって山の中へ連れてゆき、子供を生ませた、となっている。甲型は『すねこ・たんぱこ』にある岩手県稗貫《ひえぬき》郡矢沢《やさわ》村（現・花巻《はなまき》市矢沢）や『昔話研究』（二）の青森県八戸付近、『ひだ人』（八）の富山県中新川《なかにいかわ》郡三郷《さんごう》村（現・富山市）、『南蒲原郡昔話集』の新潟県南蒲原《みなみかんばら》郡森町《もりまち》村（現・三条《さんじょう》市森町）などの採集である。いわゆる聟入《むこいり》型であるが、田の水口の石を大力の鬼（実は鬼の子孫）がどける話は、『日本霊異記』の道場法師とまったく同じなのである。乙型は大江山のような鬼の人攫《ひとさらい》型で、『老媼夜話』の岩手県上閉伊《かみへい》郡土淵《つちぶち》村（現・遠野《とおの》市土淵町土淵）や『旅と伝説』（五の十二）の岡山県御津《みつ》郡今《いま》村（現・岡山市北区今）や『沖永良部島昔話集』の沖永良部島などである。

第二段は、鬼の妻になった娘が、父の百姓に鬼の子を見せたいと招待する。または親父が娘をさがしに山の中へ入って娘と鬼の子に出会う。そして鬼に見付けられて食べられようとするところを、娘の計らいで、親父が勝負で鬼に負けたら食べてもよい、という条件で、二つの勝負をさせる。山伏の験競べでもあるが、そのオリジンは『古事記』神話の、大穴牟遅神が素戔嗚神から受ける試練にあるとおもう。一般に昔話研究者は難題談というけれども、その根源は神の試練または通過儀礼である。「鬼の子小綱」の勝負というのはいろいろのヴァリエーションはあるが、縄の綯《な》い競べでは、娘と鬼の子は鬼の綯った縄を隠れて切ってしまうので、父親が勝つ。煎豆《いりまめ》の食べ競べでは、鬼には石の豆、親父にはほんものの大豆を食べさせて勝たせる。それでもなお鬼は親父を食べようとするので、隙を見て三人は一緒に逃げ出す。

第三段は昔話につきものの逃走談である。そのとき千里車と五百里車があるというのは、お伽草子「梵天国」のモチーフを使ったものであるが、千里車は水の上を走らない代り、五百里車は海も川も渡れるとして、話を面白くしている。そこで三人は五百里車の方で逃げると、鬼は気付いて追いかけてくる。そこに大川または海があるので五百里車が渡りかけると、鬼は千里車で追いついた。そして鬼が大川または海の水を呑《の》み干して五百里車を引き寄せるところが、この昔話のクライマックスである。ところがこのとき、鬼の妻になった娘は尻《しり》をまくって篦《へら》または杓子《しゃくし》で尻を叩《たた》いたので、鬼が笑ったら水を全部吐きだしてしまった。それで無事逃げ切ることができた、というのがこの本格昔話のハッピーエンドである。

第四段は付加的部分であるが、第三段まででは「鬼の子」の出る幕がないので、かつてはこの部分に元興寺の道場法師のような武勇談があったのではないかとおもう。しかし現在の採集では鬼の子の自己犠牲談になっていて、子供向きの話らしくない。岩手県稗貫郡矢沢村（現・花巻市矢沢）の話では、父娘孫の三人が大川を渡って鬼の手からのがれたとおもっていると、鬼は執念深く追いかけてきた。そのために鬼の子は、自分の首を取って曝《さら》しておけば鬼は来れない、といって犠牲を申し出たが、親父は菖蒲《しょうぶ》と蓬《よもぎ》を軒と戸口に挿せば入れないといって、その通りにして助かった。これが五月五日の菖蒲節《せっ》供《く》の由来だという。もう一つの岩手県上閉伊郡土淵村の昔話では、鬼の子小綱は成長するにつれて鬼の本性が出て、人間を食べたくなった。そこで小屋を作って火をつけ、その中で自ら焼け死んだ。その灰から虻《あぶ》と蚊が発生して人間の血を吸うようになったのだという。民間呪術に、大師講の小豆粥《あずきがゆ》の汁を撒《ま》いておけば蚊や虻や蜈蚣《むかで》が家に入らない、というのも、鬼が入らないというのが源であろう。

そこでこの昔話のモチーフの、㈠鬼が人間に子を生ます、㈡鬼の難題、㈢五百里車と千里車、㈣箆または杓子の呪力、㈤鬼の自己犠牲、などについてすこしく考察を加え、この昔話の宗教民俗学的な意味を明らかにしたい。

二　神の子と鬼の子とその子孫

「鬼が人間に子を生ます」というモチーフは、ある家系の超人的能力を説明する神話の一形態とおもう。これはむしろ家系を誇ることであるのに、昔話では嫌うべき話になっている。これと同じ形態の神話は「神の子孫」という説話である。『新撰姓氏《しょうじ》録《ろく》』の神別の家系は、みな神が何かに化身して人間と婚姻する神話をもっていたにちがいない。三輪山神婚談といわれるのはその一例にすぎないが、三輪山の大物主《おおものぬし》神が蛇に化身して巫女《みこ》・倭迹迹日百襲姫《やまとととひももそひめ》に婚した神話であり、三輪氏（大神《おおみわ》氏）は大物主神の子孫という誇りをもっていた。『日本書紀』（崇《す》神《じん》天皇十年）には、

是の後に倭迹迹日百襲姫命、大物主神の妻《みめ》と為る。

として、昼は見えずして夜のみ通《かよ》ってくる「美麗之威儀《うるはしきみすがた》」の夫《せな》が正体を見せたときは、

明るを待ちて以て、櫛笥《くしげ》を見れば、遂に美麗《うるは》しき小蛇《こをろち》有り。其の長大衣紐《したひも》の如し。則ち驚きて叫啼《なきさけ》ぶ。時に大神恥ぢて、忽に人の形に化《な》りたまふ。其の妻に謂《かた》りて曰く、汝忍びずして吾に令羞《はじみ》せつ。吾れ還りて汝に令羞せむといひて、仍りて大《おほ》虚《ぞら》を践みて御諸山《みもろやま》に登ります。爰《ここ》に倭迹迹日百襲姫命仰ぎ見て悔《く》いて急居《つきう》。則ち箸にて陰《ほと》を撞《つ》きて薨《みう》せぬ。

とあるが、鬼も夜のみ来て夜が明ければ（鶏が鳴けば）帰るのである。三輪山神婚説話には神の子が生まれた話はないが、『日本書紀』（崇神天皇七年）には、大物主神は鬼よりも恐ろしい大疫病を流行させて人を殺す荒魂で、我が子（子孫）をして我を祭らしめたならばこの災を止めるであろう、と告げる。

若し吾が児《こ》大田田根子《おほたたねこ》を以て吾を祭らしめたまはば、則ち立ちどころに（災が）平ぎなむ。

といい、この大田田根子こそ三輪氏の祖であるというから、この神婚によって大田田根子は産れたのである。すなわち、神の子を祖とする神話伝承によって、三輪氏は大物主神の祭祀《さいし》権と大和国の一部の支配権を確保したのである。

私は、仏教の影響でこの神婚による「神の子」はやがて、神仏に祈って授かったという「神の申し子」に変化したものとおもっている。「鬼の子小綱」に関係のあるお伽草子「梵天国」では、清水観音の申し子として玉若殿《たまわかどの》（五条右大臣の子の中納言）が生まれることになっており、中世物語はほとんどこれである。また、私が「梵天国」に関係があるとおもっている東北地方の「おしら祭文」の「おしら姫」も清水観音の申し子である。そして、彼女が名馬と婚した子孫は蚕《かいこ》であると語られる。

しかし面白いことに、奈良時代の道場法師の説話は、神婚による神（鬼）の子と、神の申し子の中間形態である。これは、私がつねに主張しているように、奈良時代は神話時代から仏教唱導の縁起時代に入る過渡期なので、このような形があらわれたのだとおもう。そして、もっと面白いことは、近世に現在の形になったとおもわれる昔話「鬼の子小綱」が、神（鬼）婚による神（鬼）の子型をとっていることで、これは古代神話の復活ということができよう。いや鬼（霊鬼）はむしろ神観念の原質だから、いわゆる記紀神話より古い、と私はかんがえている。このような説話が昔話に出てくるということは、原始的霊鬼観念《デーモニズム》が民衆の意識の底に沈んだまま保存されていて、近世の仏教的権威や唱導の弱まりに乗じて、昔話として発現したものとおもう。

この「民衆の意識の底」というのは、ちかごろ流行のユング心理学の「無意識」といってもよいかもしれないが、平安時代でも中世でも、民衆の本心の神仏意識はみな原始的霊鬼観念的であり、「無意識」よりもやや意識的であった、と私はかんがえる。「鬼の子小綱」はこのように、記紀神話より古い原始神話から、過渡期の道場法師説話や中世本地物の唱導説話を経て成立したけれども、その原始神話の霊鬼観念を保存している。もっとも、記紀神話でも、素戔嗚尊神話には多分に原始神話の霊鬼観念的要素をつよくのこしているので、昔話との共通性が多い。

三　道場法師と「鬼の子小綱」

『日本霊異記』に記された道場法師説話は、宗教民俗学的な分析を加えれば、実に豊富な要素をふくんでいる。しかしここでは多くを語ることはできないので、「鬼の子小綱」に関係のあるところだけを取りあげることにしよう。『日本霊異記』には道場法師は三か所に出てくるので、奈良時代にはかなり普及した説話であったろう。ところが『今昔物語』になると、霊異記（上巻第三話）の道場法師出生談や強力談を出さないで、道場法師の孫の強力の話を、巻二十三の第十七「尾張国女伏二美濃狐一語」と同巻の第十八「尾張国女取二返細畳《ほそてつくり》一語」に出すのみである。これはもはや「鬼の子」に興味がなくなったためであろう。

ところで道場法師は固有名詞とはかんがえられないもので、霊異記にも、

後の世の人伝へ謂ふ。元興寺の道場法師に強力多く有りとは是れ也。当に知るべし、誠に先世に強く能縁を修して感ずる所の力也。是れ日本国の奇事也。

とあって、複数であることがわかる。私はその事蹟《じせき》から見て、「堂衆《どうしゅ》法師」であった

と推定している。かれらは半僧半俗の私度沙弥《しどしゃみ》で、奈良市中の「道場」に住み、番をきめて元興寺に詰めては、諸堂舎の開閉や掃除、香花閼伽《こうげあか》の献備《けんび》をおこなっていたと私はかんがえているので、「道場法師」とよばれる理由は十分にある。しかし高野山の「道心《どうしん》」（花摘道心）も堂衆の転訛《てんか》であることは間違いないから、堂衆が道場と訛《なま》る可能性もある。東大寺《とうだいじ》では法華堂衆と中門堂衆のことが多少わかるし、比叡山の堂衆（花衆《げしゅ》・夏衆《げしゅ》）、あるいは高野山の道心（行人）などの機能から、元興寺の「道場法師」も分析しなければならない。しかしいまその遑《いとま》はないが、高野山の最初の開発荘園である阿弖川《あてがわ》庄を耕作したのは、第六世座主《ざす》済高《さいこう》律師の仕丁《しちょう》（従者・堂衆）阿保《あほう》房の子・久曾丸《くそまろ》であったというのは、堂衆（道心・行人）が荘園や寺領の田畠の耕作もすることをあらわしている（『高野春秋編年輯録』天慶《てんぎょう》四年条）。

このことは、霊異記の道場法師が元興寺の田を耕作して、意地悪な諸王との水争いに勝ったという説話の意味に関係があると同時に「鬼の子小綱」の発端が、田植の百姓の水樋《みずひ》を妨害する大石を鬼が取り除いたことにつながってくる。霊異記では、鬼（雷）の子である道場法師は元興寺の「童子」（従者・召仕）となって、鐘撞堂《かねつきどう》にあらわれる大鬼（「悪奴」・「霊鬼」）を退治したのち「優婆塞《うばそく》」となった。そして元興寺の田に水を引くのを妨害する諸王と水門の開閉を争ったが、最後に道場法師（優婆塞）は百余人引の大石で諸王の田の水口を塞《ふさ》ぎ、水を元興寺の田に入れたという。その功で得度出家を許されて「道場法師」になったとあるが、これは年長になってからの名字《みよう》沙弥《じしやみ》で、妻子を持って道場に住んだからこそ、その孫に大力の娘があった話に展開してくるのである。したがって「鬼の子小綱」の発端で、田植の水引きを鬼が手伝って大力を発揮するモチーフは、ここまでさかのぼりうるものとして差支えないし、昔話のモチーフやファクターは軽々しく見過すことができないことを主張したい。

ところで霊異記の道場法師の誕生談であるが、これは敏達《びだつ》天皇の代に尾張国阿育知《あいち》郡片蕝《かたわ》里の農夫が、田を作るために水を引いていると雷が落ちてきた。その雷は子供の姿だったが、天へ帰る手伝いをしてくれたら子を授けようといった。そのために楠船（槽）を作って水を満し、竹の葉を浮かべてほしいというので、そのとおりにすると雲をまきおこして天に登った。

即ち雷、彼の人の前に堕《お》つ。雷、小子と成つて随伏す。汝何を報《むく》ゆるや。雷答へて言ふ。汝に寄せて子を胎《はら》ま令《し》めて報いん、我が為に楠船を作り水を入れ、竹の葉を泛《うか》べて賜へ。即ち雷の言の如くに作り備へて与ふ。時に雷、近依《ちかよ》ること莫《なか》れと言ひて避け令む。即ち霧を霾《ま》いて天に登る。然る後、産む所の児の頭に蛇を纏くこと二遍、首尾後に垂れて生る。

とあって、異常な子供が生まれたが、この雷は霊鬼であって、神であり鬼であるから、その子は「神の子」とも「鬼の子」ともいえる。しかしこれが平安朝以後のように

「申し子」として、人間の祈願に応じて生まれたものでもない。また神と人の神婚によって生まれたものでもないので、私はその過渡期の産物とかんがえる。

しかもこの「鬼の子」は大力無比で、王（皇族）の力人《りきじん》と大石の投げ競べをして勝つが、仏教寺院や僧侶《そうりょ》から見れば、童子か優婆塞の召仕にすぎないというところに、仏教の優越性が出ている。そして、この初代目の道場法師の大力は鬼から与えられたものであるけれども、それを元興寺の悪鬼退治に使ったり、寺田耕作に発揮して功徳を積んだので、子孫にも大力が多く出たといっている。このようにして、鬼は仏教に服属し、のちには悪者となって中世の物語に現れるようになる。

四　鬼の子の童子と小綱

「鬼の子小綱《こづな》」の甲型の発端に、百姓が田に水を入れようとすると大石が邪魔になり、これを鬼の力を借りて除《の》けるという話があるのは、『日本霊異記』では鬼（雷）の子である道場法師が、寺田の水の手の大石を除けたという話と同根であることはすでにのべた。このモチーフは古代における田の開墾という生活に根ざしているとかんがえることができる。この開墾を経済史では墾田三世《さんぜ》一身《いっしん》の法《ほう》とか、墾田永世私財法《こんでんえいせいしざいほう》などで片付けてしまうけれども、民衆の意識の中には、先祖の霊力の加護で田畑を開いたという信仰があったことがわかる。口分田と班田収授法の合理主義と理想主義を崩壊させたものは、祖霊信仰の非合理主義と欲望の現実主義だったことが、昔話の分析からわかるのである。

　このように見ると、鬼の子孫という伝承は特定の家筋に限らなくともよさそうであるが、これを後々まで持ち伝えたのは、山岳宗教に関係のある家や村であった。多くは本尊を笈《おい》に入れて運んで来たとか、高僧のお供をして来たという伝承をもち、何々童子といわれる。

　東大寺の二月堂《にがつどう》本尊（十一面観音《じゅういちめん》）を運んで来た家は堂童子とよばれて、今も二月堂修二会《しゅにえ》（お水取り）には鍵《かぎ》預りであり、一徳火《いっとくび》という聖火を鑚《き》り出し、これが一年間の本尊の常燈明になる。おそらく以前は一年中鍵を預かってお堂の開閉と掃除と、香華《こうげ》、閼伽《あか》、燈明の献備をつかさどったであろう。

　道場法師が元興寺《がんごうじ》の童子になったというのは、堂童子になったことで、この童子はやがて優婆塞《うばそく》になったとある。奈良時代の用語例では優婆塞は「役《えん》の優婆塞」とおなじく、山岳宗教者（山伏）になったことを意味する。

　このような優婆塞はその山岳修行によって験力《げんりき》と体力をたくわえ、奇蹟をおこなうことができるので、彼自身が鬼とかんがえたり、鬼の子孫とよばれたものとおもわれる。さきにあげた大峯山中の前鬼《ぜんき》や後鬼《ごき》の山伏村が役の優婆塞の従者の鬼の子孫とされたのは、このような事情によるが、京都の八瀬《やせ》童子とよばれた八瀬の村人も、はじめ比叡山の承仕《しょうじ》として高僧の輿《こし》を舁《か》き、のちに禁中の雑役をつとめた。そして毎年七月十五日には先祖の鬼（酒顚童子《しゅてんどうじ》とも鬼同丸《きどうまる》ともいう）の墓である鬼ケ洞で、「鬼ケ洞念仏」を修した。

ところで鬼が特定の村や家の先祖になるためには、人間の女と婚しなければならない。鬼《き》を一般的祖霊とするあいだは、この異類婚姻を必要としなかったが、山中の霊物や怪物とするようになると、合法的にもせよ非合法的にもせよ、人間の女と夫婦になり、子供を生んだという話が語られないと辻褄《つじつま》が合わない。おそらくはじめは「鬼の子小綱」甲型のように、合法的に親の承諾と本人の合意の上で結婚した話だったのであろうが、のちに鬼は悪者になって乙型のように女を攫う。これが「鬼の子小綱」の第一段になる。

しかし『日本霊異記』の道場法師は、百姓の妻に鬼（雷）の霊が入って生まれたという形で、鬼と人間の婚姻でないのは異類婚姻よりも古い。すなわち鬼は祖霊の性格をもつからである。これが仏教の唱導談になると、「申し子」というモチーフになり、異常誕生で異常な神的能力（験力）を持って生まれてくる。

この場合、道場法師は鬼（雷）の申し子であることをあらわすために、頭に蛇が二まわり巻きついて生まれて来たことになっている。これも蛇と雷の関係をしめすのかもしれないし、また仏教的には仏教を護《まも》る明王や天部《てんぶ》に、しばしば手足に蛇を巻いた図像があることと関係があるであろう。

大般若経《だいはんにやきよう》守護の深沙《じんじや》大将像が多数の蛇を巻いた姿はよく知られているし、大般若経を重んずる日光《にっこう》修験の縁起では、二蛇があらわれて両岸から橋となり、開祖勝道《しょうどう》上人を渡したなどという。道場法師もやがて元興寺と仏教を護る童子、優婆塞、堂衆となることを暗示して、蛇を頭に巻いて生まれたと語ったものとおもわれる。したがってこの異常誕生児は異常な大力をもつことになる。

然る後、産む所の児の頭に蛇を纏《ま》くこと二遍、首尾後に垂れて生る。長大して年十有余の頃、朝庭に力人有りと聞きて之を試《ため》さんと念《おも》ひ、大宮の辺に来居たり。爾《そ》の時、王、力有りて当時に秀でたり。大宮の東北の角の別院に住す。彼の東北の角に方八尺の石有り。力王住処より出でて、其の石を取りて投ぐ。即ち住処に入りて門を閉ぢ、他人を出入せしめず。小子（道場法師）視て念《おも》ふ。名に聞へし力人は是なりと。夜人に見《まみ》えず、其石を取りて投げ益《ま》すこと一尺。力王之を見て手づから揖攅《たくみ》て、石を取つて投ぐ。常より投げ益すことを得ず。小子亦二尺投げ益す。（中略）王、跡（小子の足跡）を見て、是に居る小子の石を投げしことを念《おも》ひ、捉《とら》へんとして依《よ》る。即ち小子逃る。王、小子を追ふ。墻《かきね》を通りて逃る。王、墻の上を踰《こ》えて追ふ。小子亦返り通りて迯《に》げ去る。力王終に捉ふることを得ず。（下

略）

　このようにあるのは、力競べと逃走談であるから、「鬼の子小綱」の、鬼と百姓（親父）との力競べおよび逃走談とおなじ構造をもっている。そして力競べは山伏の場合は験競《げんくら》べとなっており、大石を飛ばすには験力によるという点がちがう。たとえば『古今著聞集』（巻二）に見える浄蔵《じょうぞう》と修入《しゅうにゅう》の験競べでは、浄蔵が祈ると「ばくの石」は鞠《まり》のように飛んだ。これを修入が祈ると動かなくなった。同時に祈ると二人の験力が等しかったので二つに割れた、などと語られる。「ばくの石」というのは呪縛《じゅばく》された石ということであるが、多くの校訂本では「はくの石」となっているので意味が分らない。

　其時ばくの石とび出て、おち《（落）》あがる《（昇）》事鞠のごとし。ここに修入のいはく。ばくの石ははなはだ物さはが《（騒）》し。はやくおちゐ《（落居）》給へと。ことばにしたがひて則しづまりぬ。大威《だいゐ》徳咒《とくしゅ》をみて《（満）》ゝしばらく加持するに、あへてはたらか《（動）》ず。（中略）其声雲をひゞかして聞人心肝をくだく。其時ばくの石又うごきをどりて、つゐに中よりわ《（割）》れて、両人のまへにおち居ぬ。

　神話にもいろいろの験競べが出るが、昔話では力競べと智恵競べになることが多く、宗教性は後退する。この点が神話伝説および縁起と昔話の一つの相違点である。

　ところでこれほどの大力や験力の持主である山伏も、古代寺院の構成のなかでは一使用人にすぎない。それは童子であり堂衆であり、沙弥、優婆塞である。『平家物語』「山門滅亡の事」にある「堂衆といふは、学生《がくしやう》（学匠）の所従なりける童部《わらはんべ》（童子）の法師になりたるや。若《も》しは中間法師原《ちゆうげんばら》にても有けん」という寺の雑役者なのである。私は高野山の苅萱《かるかや》道心や花摘道心のような「道心」は「堂衆」の訛ったものとおもうから、これも童子にほかならない。道場法師も堂衆法師だから、半僧半俗の堂童子である。そうすると現在東大寺の堂童子階級に「小綱《しようごう》」という役がのこっていることが注意される。

東大寺お水取り（修二会）を見た者ならば誰でも知っているとおもうが、二月堂の外陣《げじん》正面にいつも白装束の立領《たてえり》付篠懸《すずかけ》に裁付袴《たつつけばかま》の人が二人ひかえている。一人は堂童子で一人は小綱である。いま堂童子は稲垣姓を名告り、小綱は堀池姓を名告っている。修二会中は二人は大湯屋の同じ控室に参籠《さんろう》して、練行衆《れんぎよう》のための諸事の準備や世話をし、ことに食堂《じきどう》の食事《じきじ》作法には、練行衆に食物を配る作法をする。堀池家は「算数《さんず》の小綱《しようごう》」とよばれて、会計係だったらしいが、もとはいろいろの小綱があったのだろうとおもう。これは堂童子がいろいろに分化して、東大寺の事務を管掌したことをしめすもので、もとは「道場法師」だったのである。

寺院の事務を執行する公的役職は三綱《さんごう》で、上座、寺主、都維那《ついな》の三職であるが、上座が上綱《じようごう》とよばれたので、寺主は中綱、都維那が小綱だったのかもしれない。高野山では上綱（学頭職をすませた者）はのこっていても中綱、小綱はのこっていない。しかし都維那（維那《ゆいな》ともいう）は金剛峰寺《こんごうぶじ》の会計を今も掌《つかさど》っているから「算数の小綱」とよばれる理由は十分にある。このようにして小綱《しょうこう》は堂童子であり、道場法師であるところから、「鬼の子」とよばれたものとおもわれる。「鬼の子小綱《こづな》」という不思議な名称を、私はこのように推論する。

五　鬼と難題

「鬼の子小綱」の第二段はすでにのべた力競べ、智恵競べであるが、昔話の研究者はこれを「難題型」とする。すべての物語は主人公が危難をいかにして克服して、目的や祈願を達成するかにあり、昔話では結婚と財宝と地位が目的になり、縁起では神や仏に成る宗教的祈願と、結婚、財宝、地位を得ようとする世俗的祈願がある。いずれもこれを克服しなければならぬ障害が設定されて、物語は展開する。

これは言うまでもなく古代人の生活が危難に満ちたものであったからで、自然の脅威、外敵の侵入、疫病、凶作などから逃れるには、これと戦うための力と智恵が必要であった。しかし人間の智恵と力は有限だから、神または神の力の一部を持つ英雄を待望する願望が英雄神話になる。この英雄が縁起では神仏の申し子であり、昔話では異常誕生児である。また神話では英雄として人々から認知されるには、難題を解決するための超人間的能力をしめす験競べに勝たなければならない。

　これは一種の通過儀礼であって、古代社会ではすべての男も女も通過しなければならぬ儀礼として存在した。この場合はその難題を克服しなければ、集団の一人前のメンバーと認められないし、結婚も認められない。いまこの通過儀礼をくわしく述べることはできないが、古代社会の通過儀礼が神話では、英雄の通過儀礼として語られたものとおもう。

　このような通過儀礼を語った代表的な神話が『古事記』の大国主命神話である。おなじ古代神話をしるす古典でも、『日本書紀』（神代）は素戔嗚《すさのお》命神話にくわしく、『古事記』の方が大国主命（大穴牟遅《おおなむぢ》神＝大己貴《おおなむち》命）神話にくわしいのは何か理由のあることとおもうが、この難題型通過儀礼神話には両方の神が、舅《しゅうと》と聟《むこ》の関係で出てくる。すなわち大国主命は因幡国、伯耆国、紀伊国《きいのくに》（木ノ国）での危難を克服しながら、根ノ堅洲国《ねのかたすくに》へ行って、素戔嗚命（須佐之男命）の娘、須勢理毘売《すせりひめ》命と結婚する。

　根ノ堅洲国は「妣ノ国根ノ堅洲国《ははのくにねのかたすくに》」と書かれた海洋他界であり黄泉国《よみのくに》でもある。海洋他界の「根の国」についてはのちの「桃太郎の鬼ヶ島渡り」でふれるが、素戔嗚命はその支配者であった。大国主命は須勢理毘売との結婚を認めてもらおうとすると、素戔嗚命は試練の難題を課する。

第一には「蛇《へみ》の室《むろや》」に寝かして嚙《か》ませようとすると、妻の須勢理毘売は蛇除《よ》けの呪力のある「蛇の布《ひれ》」をそっと授けて、この危難を免れさせる。第二には「呉公《むかで》と蜂の室《むろや》」に入れると、妻は「呉公蜂の布《ひれ》」を授けて危難を免れしめる。第三は鏑矢《かぶらや》を大きな野原に射込んで、その矢をさがして来させる。大国主命が野原に入ると、素戔嗚命はまわりから野原の枯草に火をつけたので、焼き殺されようとする。大国主命が絶体絶命におちいったとき、鼠が出て来て「内はほらほら、外はすぶすぶ」というので、そこを踏むと穴に落ちる。そのあいだに野火は焼け過ぎて助かり、鏑矢は鼠がくわえてもってくる。第四には素戔嗚命は頭の虱《しらみ》を取らせるが、その髪の毛の中には呉公がたくさん潜んでいた。しかしこれも須勢理毘売の智恵で嚙みつぶしたので、素戔嗚命は寝入ってしまった。そこで大国主命は素戔嗚命の髪を家の椽《たるき》に結びつけた上、五百人引の石で入口を塞《ふさ》いで、宝物の生大刀《いくたち》・生弓矢《いくゆみや》と天ノ沼琴《あまのぬごと》を盗んで逃げる。素戔嗚命はこれに気付いて黄泉比良坂《よもつひらさか》まで追かけて来たが、大国主命がすべての試練を通過したので、この結婚を許す。そして「その生大刀・生弓矢で汝の敵を追ひ撥《はら》って、須勢理毘売を嫡妻《むかひめ》として天下を治めよ」と祝福する。

この神話の素戔嗚命は黄泉（地獄）の鬼の原像とかんがえられるが、難題を解決すればこれに宝物を譲って、家を継がせる祖霊の性格ももっている。したがって「鬼の子小綱」の昔話の鬼に相当し、鬼の子が須勢理毘売、大国主命は百姓に当る。このように神話と昔話の構造は一致するが、鬼の宝物に生大刀・生弓矢とおなじ「生き針・死に針」があって、活殺自在の宝であることは「夢見小僧《ゆめみこぞう》」という昔話にも見える。その上この昔話には鬼は「生き針・死に針」とともに「千里車と万里車」を持っているという点で、「鬼の子小綱」と共通する。これがお伽草子「梵天国」を祖型とすることはのちにのべる。

「鬼の子小綱」の難題は、いかにして人間が他界（黄泉）における鬼の子を、人間の世界（この世）に取りもどすかということで、難題の試練を克服しなければ、他界と此界の国境を越えることはできない。その意味での通過儀礼である。この国では長居をすると鬼に食われて、永久にこの世に戻ることはできなくなるので、絶体絶命の難題である。神話ではこの危難を助けたのは、主人公の妻の須勢理毘売であるけれども、昔話では鬼の妻になった百姓の娘で、父を助けて父と共に鬼の子を連れて人間の世界へ戻ろうとする。

鬼の難題には縄の綯《な》い競べと豆の食い競べが多いが、飯の食い競べという椀子蕎麦《わんこそば》のように食意地の張った話もある。昔話の中にはこの難題だけをテーマにした「鬼と賭」というジャンルもあり、第一段の娘が鬼に攫われるところと、第二段の鬼の難題だけで、鬼の子と第三段の逃走談のないものがある。しかしこれは「鬼の子小綱」型の部分独立説話だろうとおもう。「鬼と賭」では、縄の綯い競べ、豆の食い競べ、飯の食い競べ、湯の呑み競べ、木の伐り競べなどがあり、いずれも村の青年などがやりそうな競争である。これらはすべて鬼の妻になった人間の女の機転で、人間の男が勝って鬼を殺し、宝物を得る話になっている。

煎豆の食べ競べというモチーフは、おそらく節分の鬼打ち豆などから出たであろうが、「鬼の子小綱」では、娘は親父の百姓に煎豆を食べさせ、鬼には小石を焼いて豆と見せて食べさせたとある。

鬼に焼石を食べさせる話が『大山寺縁起』（応永五年）にあることはすでにのべた。これは験者の名の高い大先達《だいせんだち》、南光院の種智金剛房の話になっている。この大先達が山伏を多勢つれて三鈷《さんこ》峯の中腹の「馬頭《めず》の岩屋」で修行していると、山姥が現れる。これを優婆《うば》とか優婆夷《うばい》と書いているが、鬼すなわち山姥であることはあきらかで、この山をうしはく山神であるから、山岳他界の素戔嗚尊にあたり、また「鬼の子小綱」の父鬼である。これが山伏の焚《た》く山神にささげる斎燈《さいとう》の前にあらわれたのを、縁起では残酷に焼石を食べさせて殺すという筋に変化したのである。この仏教的縁起のモチーフが昔話に使われたために、焼石が煎豆となったのであるが、鬼は石をカリカリと食べたという昔話ものこっている。

六　鬼からの逃走と五百里車

昔話「鬼の子小綱」の第三段は逃走談である。大衆的な小説や映画はほとんどすべて、主人公が悪者からいかにして逃げ切るか、という、手に汗握る活劇や智恵くらべが山場である。昔話はもっとも大衆的で素朴な文学だから、逃走談で興味を盛りあげる。「三枚の護符」のような護符で逃れるのは、『古事記』『日本書紀』の黄泉国《よみのくに》逃走談で、泉津醜女《よもつしこめ》の追跡を伊弉諾尊が黒鬘《みかずら》を投げ、櫛《くし》を投げ、杖《つえ》を投げ、帯を投げ、衣、褌《はかま》、履《くつ》を投げて逃走に成功した話が原形である。しかし記紀神話も、もう一段古い形ではもっと簡単な呪物を投げたり立てたりしたであろうから、「三枚の護符」は黄泉国神話を直接の祖型とすることはできないかもしれない。

しかし人間の構想力の基本的な型は、神話時代も昔話時代もそれほど進歩しているとはおもわれない。突飛な着想には外来の道教《どうきょう》や陰陽道・神仙術《しんせんじゅつ》、あるいは仏典の譬《ひ》喩《ゆ》談や唱導説話から来たものがあるであろうが、昔話の原話は多く神話にもとめられる。神話は、その民族や共同体のメンバーがどうしても知らなければならない共通の知識であった。今の教育のような神話拒否では、昔の共同体の結合は成立しなかった。この神話が権威化して、神官や官人や知識人だけの独占物になると、それに代って昔話が民衆の神話になったのである。したがって昔話は神話とほぼおなじ骨格をもちながら、もっと素朴で単純で、神々や英雄の代りに爺婆《じじばば》や子供が登場する。そこで語られるのは民族や共同体の、生活と宗教にかかわる、もっとも普遍的な情報であった。しかしちかごろの創作的な「民話」というものは、作者の個人的な思想信条が入り込むので、共通の知識にならない。それを共同体の共通の知識である教科書に載せたりすると、思想信条を異にする政党のみならず、一般民衆からの反発が出る。「民話」作者はその反発を覚悟すべきだし、また謙虚に批判をきき、自分と異なる思想信条の存在理由も認めるべきであろう。

ともあれ昔話は神話もしくは「原神話」を母胎にすると私はかんがえるが、研究者の中には大部分が外国昔話の伝播《でんぱ》と見る人も少なくない。しかし伝播説というものは、時間と空間とその必然性という条件なしには成立しない。何時、何処から、何故伝わったのか。そしてもっと現実的には誰が運んだかである。その条件なしに黄沙のように風に乗って飛んできたと思うならば、それはあまりにメルヘン的で、常識的ではない。もちろん近世江戸時代や近代明治時代に入ってきたものがないとはいえないが、本格昔話の場合は、それはアクセサリー的な趣向として付加された部分であろう。したがって昔話の分析には、まず日本の古典神話にオリジンをもとめ、次いで儒仏道の古代外来宗教、あるいは外来文化の混入を検討し、それらの混合形態として寺社縁起や中世の唱導説話を探った上で、それでも解決されない部分について、はじめて外国昔話の伝播を考慮すべきものであろうと、私はおもう。

さて、「鬼の子小綱」の第三段では、鬼の子と鬼の妻とその父とは、鬼から逃走しようとする。その乗物に五百里車とか千里車を使うのは、丹後の成相《なりあい》観音と久世戸《くせど》の文殊《もんじゅ》の唱導縁起が、中世絵物語化したお伽草子「梵天国」の、二千里車と三千里車を趣向に使ったのである。これは羅刹《らせつ》国の「はくもん王」(鬼)に捕えられた梵天王の姫が、夫の中将殿(玉若王、清水観音の申し子)を誘って乗る車である。

只連れて落ちさせ候へ。三千里駆ける車には、はくもん王が乗りて行きぬ。二千里駆ける車あり。これに召されよ。

といって逃走するが、すぐに三千里車のはくもん王が追い付いた。「鬼の子小綱」の方では、このとき大川または海があって、五百里車が水上を走るので三人は逃げ、千里車の鬼は追い付いたが渡れない。そこで鬼はこの海川の水を飲み涸して、五百里車を捕えようとすることになっている。しかし「梵天国」では川も海もなく、中将殿夫妻を助けるのは梵天国から飛んできた迦陵頻《かりょうびん》と孔雀《くじゃく》の鋭い爪である。私はこの大川またはは海こそ昔話「鬼の子小綱」の本質的な部分とおもうので、この部分の欠落した「鬼の子小綱」は完形ではないとおもう。

というのは、この昔話の原話は黄泉国逃走神話と素戔嗚尊神話であるから、伊弉諾

二千里車と三千里車（「梵天国」日本古典文学全集36 御伽草子集 小学館より）

命が泉津《よもつ》醜女《しこめ》と泉津日狭女《ひさめ》の追跡から逃れるときに、放尿《ゆまり》したことを想起しなければならない。

一《あるふみ》に云く、伊弉諾尊乃ち大樹に向ひて放尿《ゆまり》したまふ。此れ即ち巨川《おほかは》に化成《な》りぬ。泉津《よもつ》日狭女《ひさめ》其の水《かは》を渡らむとする間に、伊弉諾尊已に泉津平坂《よもつひらさか》に至りましき。

とあって、この巨川が「鬼の子小綱」の川や海に生かされたと見てよいであろう。そして岸まで来て渡れない鬼は、この水を飲み涸すという、まことに奇想天外な発想は、『古事記』の素戔鳴尊神話に、

速須佐之男《はやすさのをノ》命、よさしたまへる国を知（治）らさずして、八拳須《やつかひげ》心前《むなさき》に至るまで、啼きいさちき。その泣きたまふ状は、青山を枯山なす泣き枯らし、河海《うみかは》は悉《ことごと》に泣き乾しき。是を以て悪ぶる神の音なひ、

狭蠅《さばへ》なす皆涌き、万物《よろづ》の妖《わざはひ》悉に発《おこ》りき。（中略）僕《あ》は妣《はは》の国根之《ねの》堅洲《かたす》国に罷《まか》らむとおもふが故に哭《な》くとまをしたまひき。ここに伊邪那岐《いざなきノ》大神大《いた》く忿《いか》らして、然らば汝《いまし》この国にはな住みそと詔《の》りたまひて、乃《すなは》ち神逐《かみやら》ひに逐《やら》ひたまひき。

とある有名な一段に、「河海を悉く泣き涸《か》らす」というモチーフが出ている。この一段は宗教民俗学上のいろいろの問題をふくんでいるが、一つには他界の荒魂（荒ぶる神）を鬼とする観念と、すべての災禍はこの荒魂のしわざとする考え方である。したがって荒魂は現世から「逐《やら》われ」なければならないが、そのしわざの一つに暴風があって、素戔嗚命はここでは暴風の神格化として語られている。これが青山を枯山とし、海川を涸上《ひあが》らせる暴力として表現されたものとおもわれる。そしてこれをいっそう擬人化すると、巨人（鬼）が海も川も飲み乾《ほ》すというモチーフになるのである。

七　鬼から逃走するためのヘラ（杓子）

鬼から逃走しようとして、五百里車が海川を渡り切るところで、間一髪、鬼の水飲みで捕えられようとする三人を救ったのはヘラまたは杓子であった。これは、鬼の妻が尻をまくってヘラで叩いたので、鬼が笑ったために水を吐き出してしまった、といったり、母の尻を鬼の子小綱が朱塗《しゅぬ》りの篦《へら》で叩いたとか、小綱自身が尻をまくって叩いたとか、とにかくこれは尻に関係がある。それでこのヘラまたは杓子は何であるかということになるが、従来はこれを分析した説を見たことがない。関敬吾氏は『日本昔話集成』の「鬼の子小綱」の「型」の分析で、

一、娘が鬼にさらはれる。二、父親が探しに行き孫の手引きによって鬼の家に行く。三、隠れてゐると鬼が人臭いといって帰る。四、娘は妊ったからだと欺く。五、鬼は喜んで酒盛をして酔ひつぶれる。その間に舟に乗って河または海を逃げる。六、鬼が走って来て水を呑んで舟を吸ひよせる。七、娘が尻をまくって叩くと鬼が笑ってはき出すので逃げ帰る。

とあって、「逃竄《とうざん》型の一つであるが、すでに笑話の段階に入ってゐる」と註《ちゅう》をしている。これがこの昔話に対する、従来のもっとも権威ある分析なのである。ここでは何のために鬼は人間の女に子を産ますのか、鬼の子はどうして父を捨てて人間世界まで逃竄しなければならないのか、鬼の子はどんな理由で「小綱」という名を持つのか、鬼はなぜ海河の水を飲み涸すのか、そして最後にどうしてヘラで、ところもあろうに、尻などを叩くのか。これらの問題はそのままにして、昔話の採集分類がおこなわれてきたのである。

柳田国男翁も『日本昔話名彙』の「厄難克服」の中に「鬼の子小綱」を分類して、説明の最後に「そこで鬼の子は杓子で滑稽なまねをして見せたので鬼は笑い出して、

その拍子に海水をはき出し、無事に船は沖に出て家に還る事が出来た」とする。せっかく、ほとんどの「鬼の子小綱」に、歴代の民衆がヘラまたは杓子を語りのこしてくれたのに、その意味をかんがえてみようとしなかった。また、この昔話には杓子という語りと篦という語りがあることも注意しなければならないが、杓子はヘラという方言があるというだけでは、十分な説明とはいえないであろう。私はこの双方ともに庶民の過去の具体的な生活の跡があらわれているとおもう。

ヘラについては、尾籠《びろう》な話であるが、人間と生まれたら一生涯、一日に一回は厄介にならなければならぬ、トイレットペーパー前史がかくれている、と私はかんがえる。インテリならば、禅問答の「無位《むい》の真人乾屎橛《しんじんかんしけつ》（糞掻篦《くそかきべら》）」を思いおこすかもしれないが、民俗採訪ではときどき、昔の便所（厠《かわや》）には竹篦がおいてあった話を聞く。もう一つのトイレットペーパー前史は、戸外の厠から家の戸口まで縄を一本張ってあった話で、これをまたいで尻にはさんだまま戸口まで歩いてくる間に綺麗《きれい》になっている、という。鬼でなくとも笑いそうな話なので、冗談でしょうと言うと、いやたしかにあった話だという。切藁《わら》を便所に置いてあった話と、蕗《ふき》の葉などを置いてあった話は、たしかに使ったということを、私は越中《えっちゅう》の山村で聞いたことがある。しかし竹篦となると、禅寺ではともかく、村人の寄合の馬鹿話の席でも、皆が笑い出す段階で、「鬼の子小綱」の篦は語られたのであろう。そうでなければ尻をまくって篦で叩く、という発想は出ないはずである。

もう一つの杓子というのは、杓子が魔除けになるという庶民信仰から、鬼を追い払う呪具として語られたもので、いくら良い音が出るからといって、女の尻を叩かなくともよかったのであるが、先行していた箆に引かれて、叩く趣向になったものとおもう。杓子はよく主婦権の象徴といわれて、世帯を長男の嫁に譲るのを「ヘラ渡し」というから、女性に縁が深いので、箆は杓子に転訛しやすかったのであろう。柳田国男翁は『石神問答』で、御左口《みさくち》神あるいはオシャモジ様は、サイの神とおなじでダイノコンゴウまたは粥杖《かゆづえ》であらわされ、女性の尻を打つ呪具だ、といっている。これもシャモジで尻を打つモチーフの基になるかもしれない。

しかし杓子はよく魔除けとして戸口に打ちつけられ、流行病などには杓子に目鼻を描いておく。火事のとき屋根に上ってシャモジを振ると火が来ないというのも、これに魔除けの呪力があるからであろう。南紀《なんき》熊野市二木島《にぎしま》の室古《むろこ》、阿古師《あこし》両社の祭礼に、競争船を赤衣裳《いしょう》のババが杓子と目籠《めかご》を振って招くまねをするが、これも船の悪魔払いをするものと解釈される。また備中吉備津《きびつ》神社のお竈殿は、吉備津彦《きびつひこ》大神の退治した鬼の首を竈の下に埋めてあるといい、大杓子を御神体として祀ってある。これも杓子の鬼を抑える呪力を信ずるからであろう。

そのほか柳田国男翁は『史料としての伝説』に「杓子と俗信」「おたま杓子」など

お竈殿の木杓子（写真提供：吉備津神社）

の諸論を載せて、百日咳《ひゃくにちぜき》や疱瘡《ほうそう》の疫神を追い払うのに「くつめき御免《ごめん》」と書いた杓子や、顔を書いた杓子を戸口、路傍に立てる例を多くあげている。このような杓子・シャモジの霊力が、「鬼の子小綱」の鬼からの逃走に、杓子がつかわれた理由の一つだったろうと思う。そのほか「地蔵浄土」（私は「地獄白米」とよぶ）の杓子の問題もあるが、今は煩をおそれて省略することとする。

八　鬼の子の自己犠牲

昔話としては、主人公が鬼の手から逃れて人間世界へもどれば、目的を達したのだからハッピーエンドで終ってよい。しかし「鬼の子小綱」には不思議な悲劇的結末をもつものが幾つかあるので、私は、もとは当然第四段があったのであろうとおもっている。そうでないと大切な「鬼の子」の出番がなくて、中途半端の感をまぬかれないからである。

この第四段は『日本霊異記』のような大力や武勇によって人を助け、死んで神に祀られるという話ならば理想的だけれども、現在までの昔話採集の網にはかかっていないようである。その代りに自己犠牲の死を選ぶという、子供を相手にした昔話らしくない結末の話があるのは、これに古代神話または中世的縁起の残渣《ざんさ》が、まだ残っている証拠であろう。

たとえば北の方の岩手県上閉伊郡土淵村（現・遠野市土淵町土淵）の昔話では、無事人間世界へ帰ることのできた小綱は、成長して人間を喰いたくなり、その悲しい性《さが》を断つために、小屋を作って自ら焼け死ぬのである。しかもその焼けた灰から虻と蚊が生まれて、人間の生血を吸うようになったと語られる（『老媼夜話』）。また前にものべたように、『すねこ・たんぱこ』に収められた岩手県稗貫郡矢沢村（現・花巻市矢沢）の「鬼の子小綱」は、追いかけてくる鬼の害から人々を護るために、自分の首を取って曝しておけという。完全な自己犠牲であり、まことに宗教的である。しかし昔話としては鬼の子を殺しては元も子もないので、鬼の首の代りに、戸口に菖蒲と蓬を挿すことにしたという結末に変化した。

また南の方の『喜界島昔話集』では、鬼から逃れた鬼の子は母の故郷へ帰るが、人間とは一緒に住めないといって海に投身して死ぬ。

（母が）「故郷はここだよ」と言ったら、「自分は鬼の子であるから、母等と一緒には暮さんもの」と海の中に飛び込んで死んだ。

このようにあるのは、死んで神または仏と現れるという縁起や、お伽草子の手法がかすかに残ったものとおもわれる。すなわち説経「山椒太夫」の安寿姫《あんじゆひめ》は、辛苦の末に死んで岩木《いわき》山の神とあらわれ、厨子王《ずしおう》は岩手《いわて》山の神と現れるようなものである。鬼の子ももとは死んで神とまつられ、子孫を護り衆生を利益《りやく》したとあったであろう。

ところが神話の神々も常世《とこよ》へ去り、根の国に入り、蒼柴籬《あおふしがき》に沈み、八十《やそ》隈手《くまで》に隠れるのであって、これらは死後の世界であり、墓の中である。たとえば少彦名《すくなひこな》命は、

行いて熊野の御崎《みさき》に至りて、遂に常世郷《とこよのくに》に適《い》でましぬ。亦曰く、淡島《あはしま》（粟島）に至りて粟茎に縁《のぼ》りしかば、則ち弾かれ渡りまして常世郷に至りましき。

とある。また天孫降臨の国譲り神話には、事代主神《ことしろぬしのかみ》は「八重蒼柴垣を造りて、船枻《ふなのへ》を踏んで避《さ》りぬ」とあるように、海に投じて死ぬ。神話や唱導に多い神々の死は、日本人の霊魂観念と神観念に、人間が死んで神になるという一つの型があることを示している。なおいえば、鬼は死ななければ神になれなかったのであろう。鬼の墓というのも各地にあるが、三河鳳来寺《ほうらいじ》の縁起では、いまの本堂の柱の下に三鬼が埋められているといい、最近の改修に骨の入った石函《せっかん》が発掘されている。三河の滝山寺《たきさんじ》（岡崎市）

の本堂横にも鬼塚があり、ここに住職が参って煎豆を撒き、修正会の鬼走りになる。安芸《あき》宮島《みやじま》の弥山《みせん》頂上には三鬼堂《さんきどう》があって信者が多いが、九州の「小一郎神《こいちろうがみ》」の塚（古墳）なども鬼の絵馬をあげる信仰があるのは、鬼の墓の伝承があったからであろう。昔話は現在の形で完形ということができない例は、この「鬼の子小綱」にも実によくあらわれている。その脱落部分をもとめるのも昔話採集の一つの仕事であるし、その原型を神話や縁起から推定復元するのが、今後の昔話研究の目的の一つであろうとおもう。

「地獄白米」(「地蔵浄土」「鬼の浄土」)と地蔵縁起

一　「地蔵浄土」と「おむすびころりん」

鬼といえば地獄の鬼がまずおもい出されるくらい、地獄の話や絵が多いのに、「鬼の浄土」という昔話がある。これは、鬼がいわゆる極楽浄土にいるということではなくて、地蔵菩薩と同居しているので、このように呼ばれたのだとおもう。それで、この型の昔話は多く、「地蔵浄土」とよび代えられたものが多い。ただ問題は、この種の話が、鬼を主人公にしたものか、地蔵を主人公にしたものかで、昔話の「型」(談)を分けたらよいが、私の見る限りでは、鬼を主人公にしたものとおもうので、むしろ鬼の地獄談とするのがよい。これに無尽蔵の白米がついていることから、「地獄白米」または「鬼の白米」という型でよぶことにしたい。

この昔話の直接の原話は『矢田地蔵縁起』だとおもうし、これをさかのぼれば素戔嗚尊神話になる。ところがこの型の昔話ぐらいヴァリエーションの多いものもすくない。というのは、鬼の多義性、複雑性から泥棒と語られたり、博奕《ばくち》打とか鬼婆《おにばば》になる。また話の根本が他界往来談なので、「鼠の浄土」になったり、「団子浄土」、そして「地蔵浄土」「鬼の浄土」（鬼の楽土）などの浄土とよばれたのである。

しかし面白いことに、常識では浄土に鬼がいるはずはないというので、関敬吾氏などは「灰坊」や「栗拾ひ」などの継子談に「鬼の浄土型参照」の参照をつけながら、「鬼の浄土」型を立てず、すべて「地蔵浄土」型にしてしまった。そしてその註《ちゅう》には、

> この型の昔話は殆ど全国的に分布してゐるが、後半に於て「三枚の護符」「手なし娘」「姥皮」「米福粟福」「お銀小銀」型と結合したものも若干あるが、他は悉く「地蔵浄土」型、「鬼の浄土」型になってゐる。これは寧ろ **Hexenmärchen**（魔女物語）に属する鬼の世界、乃至は「地蔵浄土」といはれる彼岸の世界のモティーフの昔話に、善悪二人の爺またはこの実子と継子の二つの相対立するモティーフが結合したものであらう。

と、これが鬼の世界と彼岸（他界）をモチーフにしていることをみとめている。しかし「地蔵浄土」と「鬼の浄土」の異同を説明しなかった。これは日本の庶民信仰では、地蔵と鬼は地獄で同居する存在であることに気付かなかったためであろうとおもう。「鬼の浄土」ということが矛盾しているように、「地蔵浄土」も矛盾であって、これは地蔵地獄であり、鬼の地獄でなければならない。

ところで、この地獄が仏教経典に説かれた六道（地獄・餓鬼・畜生・修羅・人間・天）、もしくは三悪趣《さんあくしゅ》（地獄・餓鬼・畜生）の地獄道であるならば、そこから無尽蔵の白米や宝物や金や銭、または隠れ蓑笠《みのかさ》などを持ってくるはずはない。のちにのべるように、地蔵と閻魔《えんま》もしくは鬼の同体という思想は、中国成立とおもわれる『地蔵十輪経』（巻一）にあるが、地獄白米の昔話の地獄は日本人の他界であり、鬼はそこに住む祖霊である。したがってその鬼は懲罰と恩寵《おんちょう》の二面性をもつので、一方では地獄の鬼となり、他方では慈悲ぶかい地蔵となって、この昔話が成立したものとおもわれる。

この昔話はお伽噺《とぎばなし》では一般に「おむすびころりん」といわれるが、もっとも標式的な筋を分析すると次のようになる。

㈠　お爺《じい》さんまたはお婆さんが、山へ握り飯もしくは団子をもってゆき、これを落すと、ころ〳〵と転がっていって、穴に落ちる。

㈡　爺さんか婆さんはその後を追って穴に入る。すると別の世界に出て、そこに地蔵が立っている。そこで握り飯（団子）の行方を聞くと、自分が食べたといい、そのお礼に鬼が来たら鶏の鳴声をするように教えて、袖《そで》の中にかくまってくれる。そこへ鬼が帰ってくる。

㈢A型　鬼が博奕をはじめたので、爺さんは鶏の鳴声をすると、鬼は金銀財宝、宝物を置いて逃げる。爺さんはそれを持って家へ帰り金持になる。

㈢B型　帰ってきた鬼に婆さんは見付かり、飯炊婆さんになる約束で許してもらう。鬼は一粒（もしくは三粒）の米で飯を炊かせ、金の杓子《しやくし》でかきまわすと、釜《かま》いっぱいになる。婆さんは、鬼の眠っているあいだに米と杓子を持って家に帰り、一生不自由しない身の上になる。

㈣　隣の爺さん婆さんが真似て失敗する。

関敬吾氏はこの㈣を重視して、「隣の爺」という大分類に入れているが、これは昔話が童蒙《どうもう》のための教訓談になったとき付加されたもので、話の本筋ではないとおもう。そして「地蔵浄土」の註に、次のようにのべている。

これを詳細に比較すると地域的相違が明瞭に現はれてゐる。たとへば、東北地方に於ては発端は豆を拾つて団子をつくつたといひ、中国四国に於ては鬼の飯焚となつて如意の杓子を盗み帰るといふ結末が多い。

この昔話は元来は地中訪問によつて宝物を獲得するモティーフが中心であるが、継子の栗拾ひ、鬼の子小綱などと結合してゐる。前者との結合は殊に九州地方に多く見られる。この昔話は或は鼠の浄土とは根本のモティーフは同一であり、従つてこれとの結合も見られる。あるひは両者は本来連続したものが後に分離したものであるかも知れない。

たしかにこの型の昔話は、西日本と東日本で地域差が大きい。それは、㈢A型は東日本型であり、(三)B型は西日本型である。すなわち西日本型に無尽蔵に白米が出るのは、大和の『矢田地蔵縁起』に出る満米《まんまい》上人の無尽蔵の白米が原話であろう。ということは、矢田地蔵の唱導が西日本に流布したことを示すもので、白米の意味が忘れられると、鬼の宝物を持って帰るというモチーフに変化して東日本へ広まったものとすることができる。それは、東日本にも稀《まれ》に小豆《あずき》一粒とか米一粒、もしくは米二、三粒を炊いて釜一杯にする話が存在するからである。

二　「地獄白米」の団子、握り飯

この型の昔話には、実に多くのヴァリエーションや付加や脱落があって、いかに広く頻繁にかたられたかがわかる。これは、昔話で人気のある地蔵さんが出てきたり、地獄の鬼でもすこしも冷酷残忍でないことにもよるが、尽きることのない白米という庶民の願望が語られているからであろう。また不思議な他界への往来が、鼠穴のような、現実にありうべき穴を使ったことも、話に現実性をあたえている。そのために、これから「鼠の浄土」がヴァリエーションとなって派生したのである。しかし私は、この昔話の普及はやはり『矢田地蔵縁起』の唱導に負うところが大きいと思うのであるが、近ごろの『日本昔話通観』の「モチーフ構成」では、すべて外国の索引にしたがってこの昔話を分析するから、日本人そのものとの心のつながりが明らかにされない。

①山で木を切っている爺のところへ婆が弁当を持っていくが姿が見えず、穴があったのでこの中かと思って一つ入れてみる。つぎの穴には二つ入れてみるが返事がないので、仕方なく穴に入っていく〔D 1313.1.2. 魔法のケーキが転がって道を示す。F.80 下界への旅。F.92 下界への入り口になる穴。H 1226 転がるケーキを追って行く〕。

②（略）③（略）④（略）

というように分析するが、「下界」というのは地獄のことかどうか明らかでないのに、これを同一型に分類する。これが『矢田地蔵縁起』を原話とすれば、爺婆《じじばば》の入ってゆく世界は地獄であり、その地獄に地蔵がいることで、話は日本人の共感を得て展開するのである。

この昔話のファクター（話素）はあまり複雑でなく、(1)爺婆 (2)団子（おむすび、握り飯、蕎麦餅《そばもち》、大豆） (3)地下へ通ずる穴（鼠穴） (4)地蔵菩薩 (5)鬼 (6)鬼の宝物 (7)鬼の白米 (8)杓子、となる。そこでこのファクターにしたがってこの話の意味を分析しながら、『矢田地蔵縁起』と比較することにしよう。

まず、この話の発端をなす団子は何か、といえば、地獄へ入る手段としての団子はシトギダンゴ（粢団子）であり、霊供《れいく》の餅や握り飯である。これらは死者の頭陀袋《ずだぶくろ》（サンヤ袋、三角袋、五穀袋）に入れて葬るので、団子や握り飯とともにあの世へ行くというモチーフ（話因）ができたものとおもう。頭陀袋には握り飯、団子、六文銭《ろくもんせん》、道切手《みちきって》ともいう念仏紙や血脈《けちみやく》、それに味噌《みそ》、煙草入れ、煙管《きせる》、茶、五穀、山椒《さんしょう》の葉などを入れて、死者の首にかけるものである（拙稿「葬と供養」〔三十四〕月刊『東方界』昭和五十六年五月号参照）。これはまた「飡泉之竈《よもつへぐひ》」であって、あの世での食物ということになるが、実際の宗教的機能は、恐るべき死霊を鎮魂するための「饗《あへ》」である。したがって、これを食べたらこの世へは戻ってくるなという意味になる。伊弉冉尊《いざなみのみこと》黄泉神話では、

伊弉諾尊《いざなぎ》、伊弉冉尊を追ひて黄泉《よもつくに》に入りまして及《し》きて、共に語らひたまふ時に、伊弉冉尊曰《のたまは》く、吾夫君《せなのきみ》尊、何ぞ晩《おそ》く来《いでま》しつる。吾は已に飡泉之竈《よもつへぐひ》せり。然れども吾まさに寝息《ねやす》まむ。（下略）

とあって、これを食べれば死霊はあの世でやすらかに安息できると信じられていた。しかしそのような宗教的機能がわすれられた段階で、地下の世界、黄泉へ行くための手段として握り飯や団子があるとかんがえられ、地獄蘇生談の唱導につかわれたのであろうとおもう。そしてその唱導をうけて昔話の他界往来談にも団子が登場したのである。しかし、握り飯が唱導の中でどのように語られたかは具体的には分らないが、

『日本霊異記』（下巻第九話）の「喪殯物《そうひんもつ》」というのは霊供であり、握り飯であったかも知れない。また同書（中巻第二十四話）には、諾楽《なら》左京六条五坊に住む楢磐嶋《ならのいわしま》なるものが、自分を地獄につれてゆく鬼に食物を饗して免れた話があるので、頭陀袋の握り飯はそのような鬼への賄賂《わいろ》として使われたかもしれないとおもう。楢磐嶋の話は中国の唐《とう》、孟献忠の『金剛般若経集験記』（上巻、救護篇三）に類話があり、これには、

即ち門を出づれば、坑《あな》に落ちて便《すなは》ち覚む。其鬼復《また》来り、玄（宗正卿竇音豆徳玄）を見て食及び銭を索《もと》む。玄即ち食及び紙銭を与ふ。（下略）

とあるので、頭陀袋の握り飯は地獄の獄卒への賄賂とかんがえられたからである。そしてこの話に坑《あな》があることも注意されるが、「地獄白米」の昔話の地獄への穴は、別の観点から見ることができよう。

三 「地獄白米」の地下への穴

「地獄白米」型の昔話には、かならずといってよいほど、握り飯や団子の転げ込む穴がある。鼠穴とする場合もあるし、「檞《かし》の根元の穴」とすることもあるが、ヴァリエーションには、団子は転がっていって、地蔵堂の前で爺は地蔵に会うというのもある。しかし最後には鼠穴が出てくる。新潟県南蒲原郡本成寺村《ほんじょうじ》（現・三条市《さんじょう》）では、

庭を掃除して爺は稲穂を、婆は小豆粒を拾ふ、団子を一粒こしらへて地蔵に供へる。団子が転げ落ち「団子どん〳〵何処まで行きやる」「奥のみ山の地蔵様へ」と問答しながら、爺が追ひかけて行くと地蔵堂の前へ出る。たづねると地蔵は「今喰つてしまつた。爺おまへ俺の膝へ上れ」といひ、ついで肩、頭から梁へ登り、箕《み》と斗棒をもつて隠れる。魔物が博奕を始めたので、爺は斗棒で箕を叩いて鶏のまねをする。爺は金銀をもち帰る。隣の爺が団子を鼠穴に転がし、鶏のまねをして見顕される。〔採集の栞・五〇〕（関敬吾氏『日本昔話集成』より引用）

とあるのは、話者は初めの爺さんが鼠穴に団子を転がしたことは忘れて語ったが、隣の爺さんの時には想い出したのである。それでもこの話者は後の方で鼠穴を想い出したからよかったものの、まるで忘れてしまうと、この話は地上の話のヴァリエーション（変話）として一人歩きしてしまうことになる。

この場合の昔話研究者の扱い方は、地下の「地蔵浄土」も地上の「地蔵浄土」も同等に扱ってよいかどうか。あるいは本話《オリジナル》を地下に決めて、地上を変話《ヴァリエーション》としてあつかうか。私は本書でつねにこの問題を提起しているのである。私は抽象的な議論が嫌いなので、今まで実例で示してきたわけであるが、昔話の研究は、多くの類話をあつめて、本話、原話をさがし出し、そこからの派生分枝を系統立てることが、どこの民族の昔話にも必要だとおもう。この内的作業が或る程度できて、はじめて他民族の昔話

東京国立博物館蔵、ColBase（https://colbase.nich.go.jp/））

と比較する外的作業が可能になる。現在のように本話も変話も系統立てず、乱雑なままで他民族の昔話と比較しても、その成果は砂上楼閣である。私は、柳田国男翁が「本格昔話」という言葉を使ったときは、そのような本話、原話を目指したものとおもう。

しかしオリジナルを決めることは、現存の昔話をあつめただけでは、到達はきわめて困難である。うっかりこれが本話だと決めれば独断になる。すべての民俗がそうであるように、現存の昔話は変化変容の最末端だからである。そこで、すこしでも変化のすくない中世、古代の文献に遡《さかのぼ》ってゆく必要がある。この操作なしに、この類話が多いから本話だなどと多数決でもしたら、えらいことになる。

私は現在資料の重要性を評価するに吝《やぶさ》かではない。現在資料を知ればこそ、過去の文献の

星光寺の僧源空夢中に冥界へ入る（『星光寺縁起絵　下巻』

意味を理解できるのだというのが、私の歴史学の基本論である。しかし、だからといって現在資料にとどまれば、いつまでたっても民間伝承学は前進しない。そのような文献考証をせずに、卒爾《そつじ》として外国の文献や索引をもってきて、わが国の民間伝承を処理しようとするのは、順序が逆ではなかろうか。

このようにオリジナルをさがし求め、決めてゆくには、オリジン（話源）が必要になる。このオリジンこそ文献であり絵画であり、遺物であり民俗である。文献だけの歴史学が不完全であるように、昔話だけの伝承学も不完全である。そのために昔話研究には、中世以前の縁起や絵巻物や、唱導説話や神話伝説が必須《ひっす》になってくる。ただ今の「地獄白米」すなわち「地蔵浄土」「鬼の浄土」（鬼の楽土）には、オリジナルに地蔵縁起があるが、当面

の地下世界への穴も、『星光寺縁起』（東京国立博物館蔵）の下巻には、古井戸として描かれており、

去正応の比（一二八八―一二九二）、件の浄空、夢の中にある野原を行程《ゆく》に、古井のありけるにおち入て、数刻をへて底に落付、四方をみるに人なし。（下略）

とあって、やがて地獄の鬼につかまえられ、地蔵に救われる。『矢田地蔵縁起』にはこの穴はないが、登場人物の小野篁《おののたかむら》がつねに地獄へ出入りしたという井戸は、京都東山の珍皇寺《ちんこうじ》の庭にある。京都の人々は、この井戸から盆の精霊を迎えるために井戸の上に吊《つ》られた「迎え鐘」を打つのである。このようにしてオリジナル（本話、原話）にアプローチしてゆけば、穴なり鼠穴のないのはヴァリエーションと決めることができよう。そしてこれを鼠穴と語るには、記紀の素戔嗚尊神話がオリジンにあることは、次にのべようとおもう。

四　他界往来の鼠穴と素戔嗚尊神話

古代神話には他界往来談がかなり多いが、その通路について語るものはあまりない。他界は「根の国」であり「妣《はは》の国」であり、海の彼方《かなた》の場合は「常世《とこよ》」とよばれる海洋他界である。天上他界では「天《あま》の鳥船《とりふね》」などとあって、鳥の姿で、あるいは鳥に乗

って天空を往来するとおもわれたらしい。山岳他界はふしぎに出てこないで、中世の唱導説話になって山中の地獄へ川を渡ったり、死出の山路を通ってゆく話が出る。「根の国」というのは「妣の国」と並列的につかわれるので、「先祖の国」の意が原義かとおもうが、「底根《そこつね》の国」などともいわれる地下他界とともに、海の支配者である素戔嗚尊の海洋他界でもあった。このことは後で「『桃太郎』の鬼ケ島渡り」でのべたい。そうすると、根の国の支配者であった素戔嗚尊は、地下もしくは海洋の他界におり、鬼のように強力で乱暴で恐ろしい神であった。私が地獄の鬼の原像をこれにもとめるのは、それほど無理ではないとおもう。

日本神話で三貴子誕生または四貴子誕生という話は、日神と月神を天上の支配者とし、蛭児《ひるこ》（のちの夷神《えびす》）は天磐櫲樟《いわくす》船に載せて海上（常世）へ放ち棄て、素戔嗚尊は根の国の支配者にした、とある。

此の神（素戔嗚尊）勇悍《たけく》、安忍《いかり》にまして、且《また》常に哭泣《なきいさつる》を以て行《わざ》と為したまふ。故れ、国内の人民《ひとくさ》を多《さは》に夭折《あからさまにしな》しめて、復た青山を枯山になす。故れ、其の父母二神、素戔嗚尊に勅りたまはく、汝《いまし》は甚だ無道《あぢきなし》。以て宇宙《あめのした》に君臨《きみ》たるべからず。まさに遠く根の国に適《まか》るべしとのたまふ。遂に逐《や》らひたまひき。

といい、やがて諸神《もろかみ》たちによって「底根《そこつね》の国」に逐降《やら》われた。そのとき、「青草を結《つ》束《か》ねて以て笠蓑《かさみの》と為し」たのは、死者の姿なので、「世に笠蓑を著て以て人の屋の内に入ることを諱《い》む」ことになったという。

このような根の国の素戔嗚尊（須佐之男命）の許《もと》へ、大国主命（大穴《おおな》牟《む》遅《ぢ》神）は鼠の穴から入ったというのが、『古事記』の大国主命神話であると、私は解している。大国（大黒）さまと鼠といえば切っても切れない因縁があるのは、この神話に根源があるとおもう。その鼠を「嫁が君」とよぶのも、「夜目《よめ》が君」だろうと『大言海』にあったり、「夜群《よめ》の義」と『言元梯』が憶測したり、忌物《よもの》の意だろうという説は、『古事記』のこの話に想い到らなかったのである。この話では鼠は大国主命の嫁、須勢理毘《すせりひ》売《め》の化身と解することもできるし、そうでなくとも大国主命は鼠に導かれて嫁の須勢《すせ》理毘売《りひめ》に会うからである。しかし神話も文学的物語であるから、鼠の穴に入る必然性として、大萱《かや》原の真中で周囲に火をつけられ、その火に焼かれるのを免れるために鼠穴に落ち込んだとしたのである。

かれその野に入ります時に、即ち火もてその野を焼き廻らしつ。ここに出でむ所を知らざる間に、鼠来ていひけるは「内はほらほら、外はすぶすぶ」。かく言ふ故に、其処を踏みしかば、落ち入り隠りし間に、火は焼け過ぎぬ。（中略）ここにその妻《みめ》須世理比売は、喪具《はふりつもの》を持ちて哭きつつ来まし、その父の大神（素戔嗚尊）は、已に死《みう》せぬと思ほして、その野に出で立たせば、すなはちかの矢を持ちて奉る時に、家に率《ゐ》て入りて、（下略）

この話の物語的部分を取り去って筋を見れば、大国主命は鼠の穴に落ちて、根の国である素戔嗚尊の世界に入る。ここで素戔嗚尊の試練に会うが、これを助けてくれたのは愛と智恵の須勢理毘売である。これが中世の仏教唱導説話になれば素戔嗚尊は地獄の鬼であり須勢理毘売は地蔵菩薩になる。昔話の「地獄白米」のファクターの爺さん婆さんと鼠穴と地蔵と地獄の鬼は、ここにすべてふくまれている。

しかも鬼の原像である素戔嗚尊は、生大刀《いくたち》・生弓矢《いくゆみや》と天ノ沼琴《ぬごと》（瓊琴《たまこと》）という宝物を持っており、これを大国主命は盗んで、黄泉比良坂《よもつひらさか》を抜け出してこの世へ帰ってくる。これは、鬼の宝物の白米や銭や宝を爺さん婆さんが盗んで帰るのとおなじモチーフである。

この生大刀・生弓矢は大国主命が根の国、黄泉国から再生するために必要だったのであるが、素戔嗚尊を鬼とするようになると、その笠蓑は隠れ笠・隠れ蓑となり、生大刀・生弓矢は打出の小槌《こづち》になったものとおもう。

五　鼠穴から「鼠の浄土」へ

他界往来の通路には鼠穴のほかに、『出雲風土記』（出雲郡、宇賀郷）の「脳の磯《なづき》」の「黄泉《よみ》の穴」のような洞窟《どうくつ》もあり、すでにのべたように井戸というのもあるが、昔話の「地獄白米」（地蔵浄土、鼠の浄土）型では、圧倒的に鼠穴とするのが多い。さきにあげた新潟県南蒲原郡本成寺村（現・三条市）の「団子浄土」の場合に、はじめは鼠穴を忘れても隣の爺の段では鼠穴を出すのは、これがこの型の昔話の本質的な部分だからである。したがってこの型は、やがて鼠穴だけが分離して「鼠浄土」型へ分枝してゆく。

鼠穴が他界往来のモチーフになるのは、素戔嗚尊神話から出たためだろうとおもわれる例として、『下野茂木《もてぎ》昔話集』の「地蔵浄土」をあげることができる。この昔話では、握り飯の落ちた穴は鼠穴といってないが、大黒様がでてくる。爺が握り飯の落ちた穴へ入ってゆくと地蔵が居て、握り飯をたべた代りに大黒様をくれる。これは原話の大国主命が大黒様に変ったのである。しかも地獄白米のモチーフとして、この大黒様は鼻がつまって困るというので、鼻の穴を見ると米が一粒つまっていた。この一粒を取ると米がどんどん出てきて、村一番の大尽になったといい、最後は「鼻垂小僧」型になる。もちろん「穴」というのは鼠穴だったが、話者は大黒様だけ憶《おぼ》えていて鼠をわすれたのである。

同じ『下野茂木昔話集』で、『旅と伝説』（昭和九年十二月）の「昔話特輯号」に載った「一粒の米の話」では、穴の方もわすれられて、一粒の米で搗《つ》いた団子が転がって、穴に入らずに地上を地蔵の前へ行き、地蔵が食べたお礼に一升のお賽米をくれ、これが無尽蔵の米になる。ここでは地獄も鬼もわすれてしまったのである。「鼠浄土」型の昔話は、このようにして「地獄白米」型が地獄と鬼を喪失した結果、ただ地下の鼠の世界から大判小判や宝物を持ってくるというだけの筋になったものである。すなわち素戔嗚尊神話の「鼠の穴」と「地下からの宝物将来」という二つのモチーフだけをのこし、これに「鼠と猫」というモチーフを加えたのである。このような分析なしにこの昔話の成立を説明することは困難であろう。私は戦時中の勤労奉仕で陸田の稲刈を手伝っている間に、野鼠の巣を掘り出したことがある。そこには喰い千切って運び込んだ稲穂がいっぱい詰っていたが、ここから「鼠の浄土」の発想が出たとは思えない。それは、隣の爺が鼠を驚かすために梁《はり》に上って猫の鳴声をする、というモチーフが、「地蔵浄土」型では、爺が梁の上から鶏の鳴声をして鬼を追い払う趣向とおなじだからである。

「鼠の浄土」は神話の素戔嗚尊や唱導の地蔵縁起から解放されたので、実に雑多な変《ヴァリエーション》話を生むようになる。鼠穴はもはや他界への通路ではなくて、鼠の家へ入るためだけの穴である。東北地方の「鼠の浄土」では、鼠が穴から出てきて、爺さんに鰹《かつお》節《ぶし》の買物をたのんだり、握り飯をねだったりする。または鼠が子供に殺されようとするのを爺さんが助けてやると、美しい娘が来て爺さんを鼠の国へ案内する、という報恩談になる。

また「鼠の浄土」ではよく餅搗きの話が出る。そのときの餅搗き歌が「鼠の浄土に猫さえおらにゃ、鼠繁昌で世の盛り」で、これにまたいろいろの替歌ができている。信州あたりでは「鼠の浄土に猫がいなけりゃ極楽だ」などと、浄土と極楽は別物のように歌うけれども、これも鼠の浄土には鬼の代りに猫がいるので、実は地獄なのである。その鬼がおらなければ極楽だという意味で、この原話が地獄だった残像があらわれている。この地獄を「鬼の浄土」とか「鼠の浄土」といいならわしたのは、すでにのべたように、地蔵がいるところから、浄土と同一視されたまでである。

また近畿地方では「鼠おとろしや、猫さへおらゝの、国はわがまゝ、あゝころりこん」とか「猫さへおらねば世の中ちゃんからこ」などと歌い、中国地方では「鼠の浄土に猫さへござらにゃ、御代の世ざかり、ぺったんこ〱」である。これは四国、九州でもほぼおなじである。「鼠の浄土」ではこの餅搗き歌をきいた爺さん婆さんが、しめたとおもって猫の鳴声をして鼠を追い払い、そこらにあった大判小判や、打出の小槌や、黄金の臼《うす》、黄金の杵《きね》などを持ち帰る。『福岡県童話』の同県企救《きく》郡（現・北九州市）の「鼠の浄土」では、持ち帰った臼と杵で一粒の米を搗くと臼一杯になるとあって、地獄白米は無尽蔵というモチーフがのこっている。打出の小槌を持ち帰ると語るのは佐賀市（『昔話研究』二）で、これは大黒さま（大国主命）と鬼の小槌がのこったのであろう。

猫の鳴声をするのはまた、隣の爺とする変話もかなり多い。善玉と悪玉を対比させる二元論的語り口では、善い爺さんは鼠に歓待されて鼠の宝物をもらって帰り、隣の悪い爺さんは猫の鳴声で鼠を追うが、鼠の復讐《ふくしゅう》で失敗する話になる。いずれにしても、「鼠の浄土」では餅搗き歌がメインテーマになっているのは、やはり地獄(一般に浄土とよばれる)の米は無尽蔵であり、その米で餅をつけば無尽蔵、という観念があったからであろう。そのうえ、餅は鼠の好物という観念が、これを助長したものとおもわれる。

六　『矢田地蔵縁起』と白米

他界往来談型の昔話は実に多数の変型があるが、これは唱導には絶好のテーマなので、地蔵縁起によく使われた。その中で、いわゆる「鬼の浄土」や「地蔵浄土」「団子浄土」「鼠の浄土」などの本話と推定される、「地獄白米」型の昔話にもっとも近い地蔵縁起は『矢田地蔵縁起』である。これは京都矢田《やた》寺蔵の絵巻二巻と、根津《ねづ》美術館蔵の『地蔵菩薩霊験記』の第一段に見える満米上人の地獄往来談で、大和郡山《やまとこおりやま》の矢田山金剛山寺《こんごうせんじ》では、毎年四月二十四日に二十五菩薩練《ねり》供養に、地蔵菩薩と満米上人と地獄の鬼の行道でこれを演出する。

この縁起の詞書《ことばがき》は漢文であるが、絵巻の図中に和文で会話文や説明文が書き入れられている。その縁起文によれば、延暦十五年に住持僧満米はこの寺を再興するために地蔵悔過《けか》法を修していたが、小野篁《たかむら》と師檀の契約があった。小野篁は陰陽道の大家であって、「身は本朝に在りながら、魂は琰魔《えんま》王宮に仕う」といわれた奇行の人であったとある。私は、これは陰陽道の冥道供《めいどうく》や泰山府君祭《たいざんふくんさい》をした人であろうとおもうが、彼は京都東山鳥辺野葬場の愛宕《おたぎ》寺の井戸から地獄へ往来したといい、その旧跡が珍皇《ちんこう》寺《じ》である。おそらくもとは珍篁寺といい、奇行の篁の寺という意味であろう。

縁起では、そのころ地獄に熱病が流行していたので、これを除くために琰魔大王が、菩薩戒の授戒をうけることになり、その戒師に小野篁の推薦で満米上人がえらばれた。満米上人は地獄の冥官に負われて、目をつぶっていると地獄に着いた。そこで獅子座《ししざ》に登って授戒をすると、地獄の熱病が止んだ。そのお礼に琰魔が授戒の布施をしようというので、満米は地獄のありさまを見たいと願った。琰魔は満米を伴って地獄巡りをするが、その猛火の中に一僧の働くのを見て満米が誰かと問えば、あれこそ地蔵菩薩であると答えた。

聖人（満米）問うて云く、炎中の僧は誰ぞや。大王答へて云く、近く来臨すべしと。時に炎に昇りて僧来る。王云く、是れ地蔵菩薩なりと。（中略）此の故に炎になりて大悲代苦するも、一毛の縁無くんば、済度に及ばず。汝、人間《じんかん》に帰りて、

満米上人、冥官に負われて地獄へ行く(『矢田地蔵縁起絵　上巻』)

諸人に告ぐべし。苦果を恐るる人は、我に結縁すべしと云々。(原漢文)

とあり、このときの生身の地蔵菩薩を写して、仏師に造らしめたのが矢田地蔵であるという。すなわち、この地蔵を信仰すれば死後の苦を代ってもらえる、という唱導がおこなわれたのであろう。

しかし庶民信仰の地蔵は、死後の救済とともに現世の苦を救うことが特色で、これを「現当二世の利益」といい、また六道済度という。そこで琰魔は、満米をこの世へ送り還《かえ》すときに、白米の小箱を持たせてくれた。この白米はいくら取っても、すぐ箱いっぱいになり、尽きることがなかったという。

琰王、宮に還り聖人を送り遣はす。相具する冥官、塗の小箱を授く。去り畢

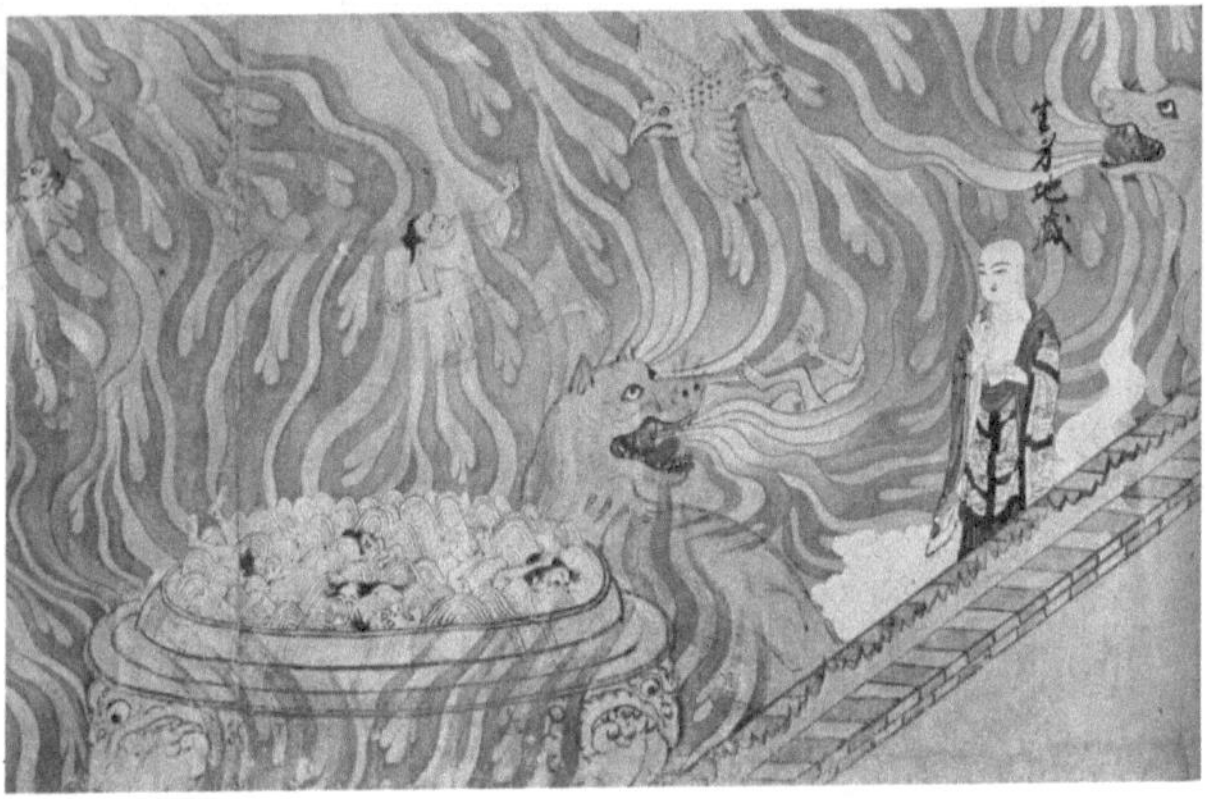

満米、地獄で地蔵に会う（『矢田地蔵縁起絵　上巻』）

って開き見れば、白米を入る。取り用ゆと雖も、亦箱に満つ。仍て時の人、満米と云ふの称、然ら令むる名を言ふなりと云々。

とあるが、地獄の米は無尽蔵であるというテーマをあらわしている。

この絵巻物では地獄の猛火が描かれているけれども、平安時代の『地獄草紙』のように凄惨《せいさん》ではない。これは、『地獄草紙』が『正法念処経』などによる直訳的地獄絵であるのに対し、日本化された地獄絵だからである。その日本化とは何かといえば、地獄即極楽、閻魔即地蔵という弁証法的一体観であり、死後の世界は日本人にとっては地獄と極楽という相反する二元的世界ではない。そこには地獄の苦と極楽の楽が同居しており、懲罰とともに恩寵がある。し

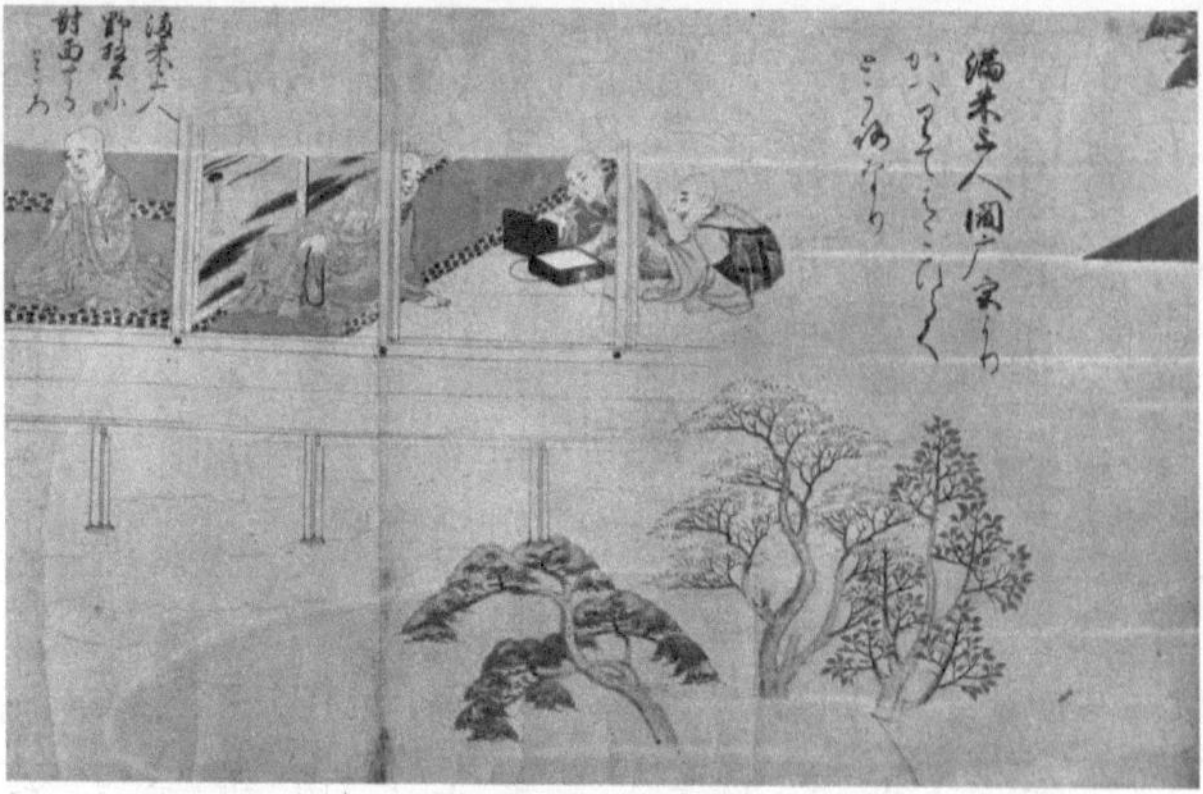

満米、寺に帰って箱を開く（『矢田地蔵縁起絵　下巻』）

たがって、鬼の恐怖があるとともに地蔵の慈悲があって、飢に対しては不可思議の米を与えてくれると信じた。おなじくこの他界を支配するのは祖霊であるから、懲罰と恩寵の二面性がある。これは海洋他界の常世についても同じであって、「鬼の地獄」を「鬼の浄土」と言い代えた理由もそこにある。この型の昔話はこのような日本人の他界観を生々と示しているのが、まことに興味深いのである。

七　昔話の分類の問題

学問はすべて分類にはじまって分類に終るというくらいだから、分類が必要なことはよく分るけれども、その分類には必然性がなければならないであろう。もちろん物のはじめには材料をあつめなければならないので、倉庫の棚の符牒《ふちょう》のようなものをつけておかないと、第一、整理にこまる。そして似たものがくれば、一応それに近い符牒のところに放り込んでおく。私は、柳田国男翁の『昔話名彙』はそのようにしてできたものとおもう。私なども月刊連載の締切日に追われると、まあまあのところに放り込むことがあるから、天才柳田国男といえども、そのようなことがなかったとはいえない。現在多数出ている昔話集や、集成、大成、通観はこの『昔話名彙』に準拠しているが、現在はこの分類を再検討する時機が来ているのではないかとおもう。

もちろんそれは一朝一夕にできることではない。ところがこのような時機に『柳田国男の分類による日本の昔話』という本を出した人もあって、『昔話名彙』は完全無欠とおもっている人が大多数であるらしい。この本によると、

そのころ氏（柳田氏）に昔話の型はいくつぐらいにするのが適当かと聞くと、数え方にもよるが一〇〇と少しぐらいに自分は考えているとの答であったが、それからすぐ『昔話採集手帳』（昭和一一）の一〇〇項目になって現われ、のちに『昔話名彙』（昭和二三）の一〇〇項目になったものである。（中略）私に示された分類案にも確定に至るまでの苦心が見え、同時にはじめて個々の話に名称をつける苦労があったわけである。

として、その原案の推敲《すいこう》のままのカードをあげている。これを見ても、昔話の分類が

大変であることはよく分るが、やはり倉庫の棚の符牒のようなものであったこともよく分るのである。三百三十ほどに整理した類話をちょうど百の「型」に分類する、というのも化物語のように話がうまく出来すぎていて、私のような現実主義者はまず疑ってしまう。そしてこの百の「型」というのも、それが基本で他がその変化というような関係ではなくて、よく語られ、よく知られた話を「型」としたようである。日本放送協会刊で昭和四十六年に復刊した『日本昔話名彙』では、この百の型について「傍線のあるものは主な型を示し、他は派生したもの」と断っている。当面の「鼠の浄土」と「地蔵浄土」はともに「型」であるが、「団子浄土」は派生の類話であり、「鬼の浄土」は項目にもあげられていない。

もちろん昔話の取り扱い方にはいろいろの方法があって、話の骨組、構造をあきらかにして世界的共通性をもとめたり、話の素材を通して伝承民族の生活との関わりを類推したり、その民族の集団無意識ともいうべき意識の深層をさぐったりで、当然その方法論は変ってくる。しかしそのいかなる場合にも、何が根本の「型」で、何がその変化であるか、が確立してからでないと、その上に構築された推論は不安定なものになったり、ナンセンスになったりするおそれがある。

私は日本以外の他民族の昔話を知らないし、知ってもわずかであるが、日本の場合は昔話の本話または原話をつきとめることは可能だとおもう。そうすれば何が原話

（型）であり、何が変話（類話）であるかもおのずからあきらかになるであろう。このような操作は、それぞれの民族の昔話研究の内的作業で可能なはずである。

この内的作業の段階が民俗学《フォークロア》の領域で、これを他民族と比較する外的作業の段階が民族学《エスノロジー》（文化人類学）の領域になる。この両方の作業を一人で兼ねることができるほど簡単なものでないとすれば、まず地味な内的作業を先にして、その上で天才的頭脳の世界的視野から見た昔話研究に俟《ま》つのが堅実な方法だと、私はおもっている。

以上のような考え方で私は、「鼠の浄土」も「地蔵浄土」も「鬼の浄土」も、その原話を大国主命と素戔嗚命神話にもとめることができるとした。この立場からすれば、柳田国男翁が百の原話（型）の一とした「鼠の浄土」は、鬼も地蔵も居らないという意味で、変話（類話）も変話、大変話である。しかし握り飯（団子、米、豆）と鼠穴がかならず出てくるのは「地蔵浄土」と共通しており、ごく稀《まれ》に、転げる団子を追って鼠穴に入ると石地蔵が立っていて、団子を食べたお礼に鼠の浄土を教えられるという話があり、「地蔵浄土」との共通性をのこしている。『聴耳草紙』（佐々木喜善）の「豆子噺」（その二）などはその一例で、鼠の浄土では嫁取りの手伝いをし、その奥の鬼の博奕打ちでは鶏の鳴声で鬼を追払い、宝物を手に入れる。

いうまでもなく「鼠の浄土」はお伽草子「鼠の草子」の趣向をうけているとおもうが、天理大学図書館本『鼠の草子絵巻別本』のように鼠の嫁入りだけのものが古く、詞書のある『鼠の草子絵巻』は筋が複雑なので、後のものであろう。すなわち、清水観音の御利生で姫君を嫁にもらった鼠の「ごんのかみ」が、鼠であることがばれて姫君に逃げられ、無常を感じて出家入道する、という手の込んだ話になっているからである。

八　祖霊（鬼・地蔵）からの米の賜物

私が「地獄白米」と名づけた「地蔵浄土」「鬼の浄土」「鼠の浄土」に共通した白米や豆や団子や握り飯は、その原型は祖霊より与えられる「斎庭之穂《ゆにはのいなほ》」であろうとおもうが、これが地蔵唱導説話では『矢田地蔵縁起』の満米上人の白米になる。「斎庭之穂」は、天孫降臨のとき天照大神より天孫に授けられた稲種であるとされ、『日本書紀』（神代下）と『古語拾遺《こごしゅうい》』に記されている。したがってこれは天上他界からの賜《たま》物《もの》であるけれども、海洋他界からの米は「みろく踊」にうたわれた黄金の米がそれであろう。

世の中はまんご（万劫）末代
みろくの船がつゞいたァ
ともへには伊勢を春日

中は鹿島のおやしろ
（中略）
一たびはまゐりまうして
金の三合もまかうよ
かねさご《（三合）》は及びもござらぬ
米の三合もまかうよ

とあったり、または、

天笠の雲のあひから
十三姫がな〻《（ママ）》米をまく
米まけば只もまけかし
みろく続けと米をまき

などとあり、「みろく」または「みみらく」（下五島《しもごとう》の三井楽《みいらく》）は沖縄のニライやニルヤとおなじくネノクニ（根の国・妣《はは》の国）の変化だろうというのは、柳田国男翁の『海上の道』の中心思想である。そしてこのニライカナイ（儀来河内）から稲穂がもたらされたという伝承は、沖縄の各地で聞くことができたのである。昔話の「地獄白米」（地蔵浄土、鬼の浄土、鼠の浄土）の地獄はまさにこの「根の国」であって、その変化である「みみらく」では、死者に会うことができるという信仰がすでに平安時代

にあった。それは『蜻蛉日記』（上・康保《こうほう》元年）に、

この亡くなりぬる人の、あらはにみゆるところなんある。さて、近くよれば、消えうせ（失）ぬなり。遠うてはみゆ（見）なり。いづれの国とかや。みみらくのしまとなむいふなる。

とあり、『散木奇歌集』（源俊頼《としより》）に、

尼上うせ給てのち、みみらくのしまの事おもひ出てよめる
みみらくの　わが日のもとの　島ならば
けふも御影に　あはましものを

とあるからである。柳田国男翁はこの信仰上の海上他界を現実の南島にもとめて、米の伝播《でんぱ》を説こうとした。

しかし日本人は、「根の国」には素戔嗚命のような鬼の姿の祖霊が居て、生前の罪の贖罪《しょくざい》のための苦痛をあたえるとかんがえながら、また米の種や宝物を与えると信じていたのである。神話の方では素戔嗚命は生大刀《いくたち》・生弓矢《いくゆみや》（生鞭・死鞭とおなじ）と天の沼琴《ぬごと》を与えるが、この宝物は大国主命が地獄から再生したり、八十神《やそがみ》を祈り殺し祈り生かすために必要だったから記録されたのである。米を与えるという部分はむしろ民間信仰として伝承され、唱導説話や昔話に姿をあらわしたのであろう。そうでなければ、『矢田地蔵縁起』で、地獄の鬼の大親分である閻魔大王（素戔嗚命に当る）が

無尽蔵の米をくれるというモチーフの出るオリジンがない。

私は、神話でも鬼が米を与える話がまずあり、米の代りに宝物を与える方に変化したのではないかとおもう。その宝物も打出の小槌というものが代表的で、地蔵浄土でも鼠浄土でもこの宝物がまず打ち出すのは米か米倉である。これが古代人や庶民のもっとも大きな願望だったからであろう。従ってこれが笑話化すると、「米倉《こめくら》出ろ米倉出ろ」と振って小盲がゾロゾロ出てきたという話になったのである。

また、鬼の地獄から持って帰った米は、多く一粒または三粒という話が多いが、これは田植歌や田楽の囃子《はやし》に「一粒万倍《いちりゆうまんばい》」という言葉があるからで、種籾《たねもみ》をあらわしたものである。よく山上の霊場の修正会や修二会に、「なりもの」といって、稲種や小豆種、大豆種などを撒くのを拾ってきて実際の種に混ぜて播《ま》く信仰がある。

また、四月八日（卯月《うづき》八日）に杉の枝と種籾を授与するところもある。山上の霊場の修正会・修二会にも鬼が出て鬼走《おにはしり》（鬼踊）をするので、これは山中他界で祖霊から種籾を授かるという信仰にもつながるであろう。

このように、米を祖霊の恩頼《みたまのふゆ》とする信仰があってはじめて、鬼から無尽蔵の白米をもらう（今の昔話では盗む）というモチーフが出てくる必然性が説明できる。またこれが中世の唱導になると、地獄の鬼（閻魔）から白米を授けられるという地蔵縁起になったであろう。ところが今かたられる昔話は、その地獄も他界もわすれて団子を語り、鼠穴を語り、鬼を語り、白米を語り、打出の小槌を語るので、辻褄の合わぬ話になったのである。なお『本朝法華験記』(中巻第四十八話)には、法華聖田に生えた瓢に白米が入っていて無尽蔵だった、という話があるが、これは外来説話かもしれないので、この昔話の例からはのぞいておく。

九　鬼と鶏の鳴声

「地獄白米」型の昔話にもう一つ共通のモチーフとしておとすことのできないものは、爺さんや婆さんが「鶏の鳴声をまねて鬼を追い払う」というモチーフである。鬼は夜が明ければ帰らなければならない、というモチーフは多くの型の昔話にもちいられており、これが葛木一言主神《かつらぎひとことぬし》と役小角の久米《くめ》の岩橋架橋談にも出てくる。しかし不思議に鶏鳴伝説や金鶏伝説は古墳に関係があり、

　朝日照り　夕日輝く　木の本に
　　漆千杯　　黄金万杯

の歌がつたえられている。また古墳でなくとも鶏塚《にわとりづか》とか金鶏山《きんけいざん》といえば、黄金の鶏が埋められているという口碑をともなうことが多い。

古墳の場合は実際に漆か丹が魔除《まよ》けに入れられたり、黄金製品が副葬されたことも

あったであろう。そして、この「漆千杯　黄金万杯」の歌が古墳の盗掘を誘ったこともすくなくなかったとおもう。しかし熊野などでは「死」の隠語は「金になる」であったと『沙石集』（巻二）に出ており、これはもっと広い言葉だったかもしれない。ミロク浄土が黄金の世界で、常世の「ミロクの船」から黄金の米がもたらされるというのも、この発想から来たのかもしれないからである。すなわち、鶏は死の世界、他界の鳥、という観念があり、死者または祖霊とともに住んでいて、時を告げる、と信じられたのであろう。すべて夜鳴く鳥は幽冥界の声とおもわれたらしいことは、時鳥《ほととぎす》や鵺《ぬえ》（トラツグミ）などもおなじであった。『古事記』の天岩戸《あまのいわと》隠りの条には、

　すなはち高天原皆暗く、葦原《ノ》中《ツ》国悉に闇《くら》し、これに因りて常夜《とこよ》往く。ここに万《よろづ》の神の声《おとなひ》は、狭蠅《さばへ》なす皆湧き、万の妖《わざはひ》悉に発《おこ》りき。

とあって、これは「常夜」であった。

　これに対して、天《ノ》安《ノ》河原での神集《かんつど》いによって天照大神の鎮魂の祭（神楽《かぐら》）がおこなわれたが、このとき「常世の長鳴鳥を集へて鳴かしめ」たのが鶏のこと、とされている。これはいろいろの解釈を可能にする話であるけれども、この鳥は幽界である常夜の「長鳴鳥《ながなきどり》」かもしれない。しかし従来はテキストが「常世」なので、岩波古典文学大系『古事記』の註《ちゅう》なども「常世は常夜ではなく常世国の意。鶏は鳴く声を長く引くから長鳴鳥と言ったのであるが、息が長い所からこの鳥を常世国に結びつけたものと

思われる」と、無理な説明を加えている。しかし鶏は一番鶏、二番鶏ともに夜中に鳴くのであって、三番鶏も夜だけれども日の出が近いという意味であろう。すなわち鶏は「常夜」すなわち「黄泉《よみ》」(やみ)の世界の鳥であった。したがって鶏が鳴くという昔話の趣向は、それが黄泉の世界の出来事をあらわすとする方が、無理のない解釈だろうとおもう。

天岩戸の神話を太陽の再生儀礼という意味にとれば、鶏に朝を告げさせたことになるが、皇室の始祖の鎮魂祭儀(鎮魂神楽)ととれば、悲しげな鎮魂の「発哭《みね》」(発哀《みねたてまつる》)とすることができ、荒魂《あらみたま》(新魂)は鶏鳴をきいて「万の妖」を止めて常世へ帰ってしまうことになる。このようなところから、鶏石伝説では元日、三ヶ日の朝に、石の中の鶏の鳴声で吉凶を占ったという信仰が生じたのではないかとおもうが、実際には先祖の御魂祭が真夜中(常夜)におこなわれた例は多いので、鶏の鳴くまでに終るのは普通の習慣だったであろう。私のよく引く「大晦日の夜の魂祭《たままつり》」(『徒然草』第十九段)などはまさしくその一例で、『後拾遺和歌集』(哀傷)にも『好忠集』にも、これが見られるから、平安時代にはあたりまえのことであった。それは庚申待《こうしんまち》や日待《ひまち》としてのこったが、これらの夜籠《よごも》りも、もと祖霊祭の性格をもつものであった。

しかし、祭からも説話からも、死や黄泉や地獄のイメージを取り去ろうとする傾向があるのは当然で、とくに童蒙《どうもう》に語ってきかせる話からは、暗いイメージの話素や話因は脱落してゆく。したがって「常夜の長鳴鳥」は鬼を追い払う役にまわったものとおもわれるが、久米の岩橋と鶏の話は『日本霊異記』にも『今昔物語』にも見えず、室町時代ごろに語り出されたものではないかとおもう。しかし鬼が強力な悪者化した段階では、鶏の鳴声で鬼が周章《あわ》てふためいて逃げる姿が面白いために、このんでもちいられる趣向になった。このように、現在伝承される昔話のファクターやモチーフの中で、何が本来のものであり、何が後からの変化または付加であるかを考証することが、型《タイプ》の分類にもっとも必要なこととおもうのである。

付「地獄白米」補遺

以上の「地獄白米」型昔話の分析に述べ切れなかった尽きない白米の説話がなお二つのこっている。その一つは『本朝法華験記』（中巻第四十八光勝沙門法蓮法師）に出る瓠中《こちゅう》白米談である。これは法華経の功徳談で、金光明《こんこうみょうさいしょうおうきょう》最勝王経を奉ずる光勝聖と、法華経を奉ずる法蓮《ほうれん》聖の両人が、験競《げんくらべ》として一町の田から収穫できる白米の多寡を競った。すると光勝聖の田には種も播かず、苗も植えないのに、一面に稲が豊かに稔《みの》った。

これに対して法蓮聖の田には一本の瓠《ひさご》（瓢簞《ひょうたん》）が生え、一町の田一面に枝をひろげて、二、三日の中に壺《つぼ》のように大きな瓠が実った。その一個を割ってみると精白米が五斗入っていたので、まず法華経に供え、また諸僧に施し、一、二個は光勝聖の坊へ贈った。それで光勝も験競に負けたことを知り、最勝王経を捨棄《しゃき》して法華経に帰したとある。この瓠の中の白米は一切の僧俗や貧人や往還の諸人に施されたが、おどろいたことに冬の十二月になっても枯れず、一年中瓠を取ればすぐに次が生えたというのである。

然りと雖も田瓠、十二月に至るも更に枯竭せず。取るに随つて生ず。取り用ふるの輩、貧苦を失ふのみに非ず、道心を発するに及び、法蓮聖田米を以て更に仏事を作《な》す。一切を利益し、乃至摂心し、慢過を起さず。精進修行して老衰遷化《せんげ》す。

とあり、法華経の功徳によって無尽蔵の白米を得たという話である。この型の説話がインドまたは中国にその起源があるかどうかは検討していないが、これを地獄からもたらしたものでない点に、地獄白米型と根本的な相違がある。すなわち地獄白米型は他界の祖霊の恩寵によって、無量無限の白米が得られるという点が、日本固有の神話や庶民信仰につながりをもつからである。

もう一つの説話は『大山寺縁起《だいせんじえんぎ》』(巻上)にある。この縁起の絵巻は応永五年(一三九八)に描かれたものであるが、詞書は洞明院本がのこっていて、鎌倉時代末期のものと推定されている。絵巻そのものは昭和三年四月二十二日の大山寺本堂火災とともに焼失して、一部の模写が東京国立博物館と東大史料編纂《へんさん》所にのこっている。したがってこの縁起の詞書に見える無尽蔵の白米という説話は、すくなくも鎌倉時代末までさかのぼりうるものであるが、これは地蔵菩薩から賜わった白米で、かならずしも地獄の白米ではない。これを地蔵菩薩が与えるというモチーフは、地獄の地蔵が白米を与えるという原話が先行したと見ることができ、『矢田地蔵縁起』の方が古いということになる。

この説話は備後《びんご》の国神石《かめし》の賤《いや》しい出家が、伯耆大山の地蔵菩薩に「生身《しょうじん》の地蔵」を拝みたいと祈誓すると、夢の中で下野《しもつけ》の国岩船《いわふね》へ行けと教えられる。下野へ行ってみると、柴《しば》の庵《いおり》に地蔵坊という僧がおって泊めてくれる。この地蔵坊のところへ、方々から田植の手伝いをたのみに来るが、翌日田圃《たんぼ》へ出てみると、地蔵坊は田植したり、牛の鼻取りしたり、田楽の鼓を打ったり、早苗《さなえ》を運んだりという多くの手伝いを同時にしているのであった。

　そこで神石の僧はこの地蔵坊こそ生身の地蔵と知ったが、地蔵坊は伯耆大山の地蔵こそ生身の地蔵であると教えて、伯耆へ帰らせる。このとき地蔵坊は道中の食料にと白米一包を持たせてくれた。

　此の亭主（地蔵坊）則ち生身の地蔵なり。更に凡夫には非ず。大願成就と覚えけるにも、弥《いよい》よ大山権現の御事貴く忍ばしかりければ、急ぎ帰り参らんとしけるに、宿の僧白き米一つゝみ取出し、道の程の粮断《ろうだん》（粮料《ろうれう》の誤りであろう）にし給へとてたびたりけり。うれしく、是れまで志し給ふ物をやと悦びながら、又此の国へぞ帰りける。修行者宿ごとに、彼の米を飯一つにあて《（宛）》がひて内へつかはせば、程経て宿にのゝしりけるは、こは不思議の事かなと驚きさわぐおとな《（音）》ひあり、何事ぞと聞けば、今の米、此のかま《（釜）》に一はた《（杯）》に満ち侍りぬとぞ云ひけり。（中略）彼の修行者、件の米なほ尽きずして、南光院の湯屋釜に一すくひ入れたりければ、大釜に満ちたる粥にて、山上の老若、参詣の諸人まで、是れを施し与へたりと申

　し伝へたり。

とある。一粒の白米が一椀《わん》の白米といったのも常識的であるし、一握の白米が湯屋釜一杯の粥になるなども、祖霊の恩寵を信じきれない文脈である。『大山寺縁起』はいろいろの説話を縁起化して取り入れているが、奇蹟《きせき》を常識化しようとした点では、縁起らしからぬ縁起である。しかしその他の点で歴史的に正確を期そうとしたことは評価しなければならないとおもう。

瘤《こぶ》取り鬼と山伏の延年

一　「瘤取り鬼」と山伏

一般に瘤取爺といわれる昔話の型は、単純でかなりまとまった話なので、あまり複雑な変話はない。しかもこれには原話が平安時代の『宇治拾遺物語』（巻一）にあって、その変化がたどりやすい。おそらく昔話の伝承者、話者はこの古典の原話を知らなかったであろうが、あまり大きな逸脱はしなかったのである。またこの昔話をきく子供の方も素直だったから、笑話的技巧をこらさないでも、十分興味をつなぐことができ、ひどく昔話の古態をそこなわずに、今まで伝承された昔話といえる。

しかしその中には、大人の間で語られた痕跡《こんせき》もあって、踊の囃子《はやし》歌には「ぼこ」だの「別長」だのがのこっている。この型の昔話ぐらい深山の神韻縹渺《ひょうびょう》たる雰囲気をただよわす、詩的な口誦《こうしょう》文学はないとおもうのだが、これに正面から取り組んだ研究を見ない。あるいは私の目にふれないところにはあるのかも知れないけれども、この話のオリジン（話源）を山伏の延年にあるとかんがえた人はないとおもうので、私なりの分析をくわえてみたい。

まずこの昔話の題名に問題がある。この話の主人公は鬼であるから「瘤取り鬼」といわなければ理に合わない。『宇治拾遺物語』も「鬼にこぶとらる丶事」という題をつけている。したがって爺さんを主人公とすれば「瘤取られ爺さん」なのである。なぜこのような誤りがおこったかといえば、従来この昔話を私のように霊物怪異談としないで、「隣の爺型」や「動物の援助型」に分類したからであろう。第一、柳田国男翁がこれを花咲爺や竹伐《たけきり》爺、猿地蔵や地蔵浄土とおなじジャンルの「動物の援助型」に入れたのもおかしな話だとおもう。角のある鬼を動物の一種にかぞえたのであろうか。また関敬吾氏はこれらの「動物の援助型」を「隣の爺型」とよび替えている。他の分類は話の内容によって名付けているのに、これは話の形式による名称である。善人は成功し悪人は失敗するという、あたりまえの教訓談が「隣の爺型」である。

この話のメインテーマは、鬼は山の中のお堂や祠《ほこら》にあつまって踊るということにある。この踊には厳重な作法のあることが『宇治拾遺物語』でわかるのであるが、これが山伏のおこなう延年の舞であることは、修験道の常識がある者ならばすぐ気付くはずである。昔話の不思議、不可解なファクターやモチーフは、原話にさかのぼれば解決される一つの例であって、変化変容の最末端にある現存の昔話をいくらあつめて操作しても、ほころびは大きくなるばかりであることが多い。そして昔話研究のもっとも大きなメリットは、過去の日本人の生活や信仰の断片をこの中に見付けて、日本人の自己認識(内省)に役立てることにある。この目的をわすれて興味だけに走ったり、外的な他民族の説話との類似ばかり追いかけていると、せっかく先祖ののこしてくれた昔話は、われわれに縁のないものになってしまう。その意味でも、昔話の原話にさかのぼることは、きわめて重要な作業である。

またこの昔話のモチーフの一つに、人間は鬼に瘤を取ってもらうことができるということがある。ヨーロッパには背中の瘤を取ってもらう話があるが、これは痀瘻《くる》病を治してもらうことであろう。しかし「瘤取り鬼」の瘤は、医学的な顔面肉腫などで片付けられるものではないとおもう。それはもっと根源的な災を、山の神の恩寵《おんちょう》や山伏の呪力で払ってもらうことが、この話の背景に存したことを暗示するものである。なぜこの話に顔の巨大な瘤が取られたり、ひっ付けられたりするかということも、簡単に見すごすことはできない。

そしてまたこの型の昔話では、鬼を天狗《てんぐ》としてものがたるものがすくなくない。これも重要なポイントで、鬼と天狗が似ているからというような簡単な答ではすまされない。鬼は山神の表象化であり、山神の神態《かみわざ》をあらわす山伏神楽《かぐら》では鬼の面をかぶることが多い。権現舞《ごんげんまい》なども山神の悪魔払いの舞であるけれども、これは現代ではほとんど獅子面《しし》になっている。しかし鬼神面の成立には伎楽獅子面《ぎがく》が加わっていることはのちにのべたい。そして天狗も山神の化身とされるばかりでなく、山神山霊の司霊者である山伏は、しばしば天狗と一体化される。山伏の延年が「天狗の酒盛り」ともよばれるのはそのためである。「瘤取り鬼」はこの山伏の延年をメインテーマとしているので、鬼が天狗に変容する必然性があったのである。

先年、郵政省の趣味の切手、日本昔話シリーズで、この「瘤取り鬼」が問題になったことがあった。画面に鳥居が描かれているのはけしからん、という投書から応酬があったが、山の祠《ほこら》とある話もあれば山のお堂と語る所もあるので、鳥居はそれほど重要な要素ではない。それよりも私はこの切手の鬼が、鬼とも天狗ともつかぬ顔だったのが気になった。これはやはり原話の『宇治拾遺物語』に立ち帰って、迷わずに鬼としてほしかったのである。

二 「瘤取り鬼」のモチーフ

そこでこの昔話を、単純化した筋書にしたがってモチーフに分析すると、㈠発端は瘤のある木樵《きこり》の爺さんがあった。㈡山で雨に会って木の洞《ほら》で一夜を明かす。別話では、瘤のある爺さんが瘤を取ってもらう祈願に山の神の祠に詣《まい》って夜籠《よごも》りすると語るところもある。㈢夜中に多勢の鬼（天狗、化物）が洞の前または祠の前に出てきて酒盛りをする。㈣酒盛りがすすむと鬼どもは踊り出す。㈤この踊を神楽とかたる所が多いが、これにはかならず囃子と歌が入っていて、その中に「一ぼこ、二ぼこ、三ぼこ、四ぼこ」というような「数える歌」があるのが特色である。歌物語式の古い形がのこったのであろう。㈥踊があまり面白いので爺さんは思わず鬼と一緒に踊り出す。㈦鬼は爺さんの踊が上手なので、明晩も来るようにと、約束の質物に顔の瘤を取る。㈧これを聞いた隣の爺さんが、翌晩おなじところで待って、鬼の踊に加わるが、踊が下手なので昨晩の瘤を返すといって、もう一つの瘤を付けられる、となる。

㈠のモチーフは顔に瘤のある老人ということで、昔は先天的、後天的に頭や顔に大きな瘤や肉腫をもった老人が多かったのであろう。西欧の昔話で、背中に瘤のある人が神の恩寵をうけやすいとおもわれたのとちがって、この瘤は労働する庶民の不幸と負目《おいめ》を象徴するものではなかったかとおもう。重量物を背負うので、首筋に大きな肉腫をもった老人も、かつては多かった。また先天的な瘤が顔にあっても、貧民は手術で取ることもできなかったからである。しかし山伏の扮《ふん》したナマハゲなどは、雪国の炉端でできる「火がた」（ナモミともいう）を取るということからヒガタタクリ、ナモミタクリ、ナモミハギ、ナマハギとよばれたが、これも私は、山から下った来訪神が不幸や災を払ってあるく神態を、山伏がしたものであろうとかんがえている。

そのほか、入峰《にゅうぶ》修行から出峰した山伏は、村人や信者を金剛杖で打ったり、金剛草鞋で踏んだりして病気を治し厄をおとすが、これも瘤を取るという宗教的呪術にあたるであろう。㈢、㈣のモチーフの鬼や天狗の酒盛りと踊も、山伏の出峰蓮花会の延年とかんがえられ、瘤を取るとか厄を払うという呪術は、入峰中に蓄積された験力の発揮であった。また念仏狂言に「千人切り」というものがあり、大念仏の功力をもった長刀を振るって、鎮西八郎為朝《ちんせいはちろうためとも》が満堂の信者を切ってまわることがある。これで病気や災の根を切ってしまうという信仰でむかえられ、これも鬼の瘤取りにあたる。このような山神（鬼）の奇蹟《きせき》をかたる昔話には、目に見える災である瘤を老人に負わせておく必要があった。

なお瘤に類する疣《いぼ》が作善《さぜん》によって取れた説話が、平安時代の『拾遺往生伝』（巻上）にあるから挙げておこう。これは西国三十三観音霊場の第二十番、京都西山《にしやま》の善峯《よしみね》寺開山、源算《げんさん》上人の伝にあるが、この霊場を開くために、法華経の如法経書写の作善をしたところ、寛治《かんじ》五年（一〇九一）九月一日の十種供養の日に、多年左肩にあった疣が消えた。それでそのとき円座の上に出現した舎利は、この疣の中にあったことがわかったとある。

モチーフの㈡は木樵が雨風に会って、山の大木の洞に入って一夜を明かすことは、昔は多かったであろう。これは昔のビバークとして普通のことであったから、昔話の発端としては自然である。しかし実はこの大木は山神の神木であったことが、昔話では忘れられている。いやそればかりでなく『宇治拾遺物語』も忘れているのである。宗教民俗学の立場からはこれを神木としなければ、この話は成立しないといえる。それなればこそ、この木の前に鬼が出現するのであり、山伏の延年がおこなわれる必然性が説明できる。

すでにのべたように、昔話によっては山の神の祠に額に拳大の瘤のある二人の爺さんが夜籠りしたとある。これは『聴耳草紙』（佐々木喜善氏）にある話であるが、岩手県和賀《わが》郡黒沢尻《くろさわじり》（北上《きたがみ》市）では、山奥の神様に願掛けに行ったとあり、同西磐井《にしいわい》郡涌《わく》津村（現・一関市）では山の神の堂に泊ったとなっている。また新潟県南蒲原郡葛巻《くずまき》村（現・見附《みつけ》市）では、薬師堂《やくしどう》に泊ったといい、鬼や天狗の出現は神をまつる場所であってはじめて可能であった。したがって『宇治拾遺物語』の、

　木のうつぼの有けるにはひ入て、目もあはずかゞまりゐたるほどに、

とあるのは、すでに神木であることを知っていたのかもしれない。というのはかつて修験道の栄えた鞍馬山も愛宕山も、山神は巨大な神木にまつられたのであって、鞍馬山の「大杉さん」は今も天狗の宿る神木として、うやまわれ恐れられている。

愛宕山の神木は、今の山頂の社殿の床下に巨大な切株をのこすだけであるが、江戸時代の愛宕曼陀羅《まんだら》では頂上に神木が御幣をつけて描かれ、その下に山神の化身である

天狗（太郎坊《たろうぼう》）と、その本地地蔵菩薩が配置されている。いまその神木は枯れて伐られたが、社殿の状況から見て、この神木の前に拝殿があり、これをめぐる回廊の内庭で愛宕山伏の延年がおこなわれたことが想像される。不滅の聖火や柴燈護摩《さいとう》もその中心で焚《た》かれたので、火の神の信仰が生じたのであろうが、これも神木があってはじめて意味があったのである。愛宕山のような大社でなくとも、各地の山中には山の神の神木があり、古木であれば洞がある。以上の状況を背景にして「瘤取り鬼」の昔話は展開されたものであろう。

三　木の洞と鬼の出現

「瘤取り鬼」の昔話のモチーフの㈡は、木樵が山奥の大木の洞《ほら》に入って雨を避け、夜中に鬼または天狗が出現することである。そうすると、山神の化身である鬼や天狗があらわれる大木は、山神の依代《よりしろ》としての神木でなければならないが、その洞穴というのは何であろうか。『宇治拾遺物語』でも「木のうつぼの有けるにはひ入て」とあり、重要なファクターであることがわかる。

常識的には、大木ともなれば洞が空《あ》いていることがあろうし、雨風を避けるには洞がいちばん都合がよい。しかしこれも鬼は洞穴に住むとか、洞穴から出現するという

日蔵、鬼につれられて地獄巡りに出る(『北野天神縁起絵巻　承久本』巻七、北野天満宮蔵)

観念があって、出てくるファクターである。そうすると鬼の岩屋や鬼ケ城という洞穴が昔話にも伝説にも、地名にも出てくるのは、鬼と洞との密接なつながりをしめすものにほかならない。

平安中期に書かれた『道賢《どうけん》上人冥途《めいど》記』(『扶桑略記』天慶《てんぎょう》四年条記載)をもとにして、鎌倉時代初期に絵巻物にされた『北野天神縁起絵巻』(巻七)には、道賢上人日蔵《にちぞう》が大峯山中の笙《しょう》の窟《いわや》から鬼につれられて、地獄巡りをすることが出ている。洞窟はあの世への通路なので、鬼が出入りするとおもわれていたのである。ここに昔話や説話の鬼の宗教的本質があらわれていて、鬼の原質は死者の霊であることをしめしている。

これも鎌倉初期にできた『華厳《けごん》縁起絵巻』の「義湘絵《ぎしょうえ》」第一巻には、義湘と元暁《がんぎょう》が大雨に会ってもぐりこんだ塚穴に、鬼が出た話を載せている。夜が明けて見ればその塚穴は死人の墓で、骸骨がみちみちていた。その詞書《ことばがき》はすでに「安達ヶ原の鬼婆」にあげたが、これは明恵上人の作文で、原拠は『宋高僧伝』の「新羅国義湘伝」である。したがって墓の鬼を「鬼物《きぶつ》」といっているが、これは中国または新羅の用語である。

「瘤取り鬼」のメインテーマは、山伏の延年とその呪験《しゅげん》力をかたるものであるが、山伏は山神の憑依《ひょうい》したことを表わすために、延年の芸能に鬼面をつけて呪的舞踊をする。山伏神楽はその代表的なものであるから、多くの「瘤取り鬼」昔話では、鬼どもの踊を「神楽」といって語るのである。

ところで鬼は山神を表わすけれども、鬼物というときは、この鬼はまだ死霊的性格をもっていることになる。このような鬼物が洞穴から出入りすると語られる理由は、古代にはそれが塚穴であったり墓であったりしたからである。古代に庶民の横穴洞穴葬が多かったことは、吉見百穴《よしみひゃっけつ》のような横穴群集墳をみればよくわかる。

もちろん大木の洞がそれだというのではないが、洞から出る鬼は鬼物または霊物《れいぶつ》のイメージがもたれている。柳田国男翁の『遠野物語』の九十三話「笛吹峠の怪」に、鬼または天狗のような怪物はウトにあらわれたとある。

路はウトになりて両方は岨《そば》なり。日影は此岨に隠れてあたり稍〻薄暗くなりたる頃、後より菊蔵と呼ぶ者あるに振返りて見れば、崖の下を覗くものあり。顔は赭《あか》

く眼の光りかがやけること前の話の如し。（下略）

とあるウトには注があって「ウトは両側高く切込みたる路のことなり。東海道の諸国にて、ウタウ坂、謡坂などいふは、すべて此の如き小さき切通しのことならん」としている。

しかし方言のウトを見ると、古木の空洞を指すところは、岩手県、岐阜県、三重県、奈良県、和歌山県、岡山県、徳島県等に分布し、すべて中空なものをウトというところもすくなくない。洞穴をウトという方言は青森県、秋田県、福島県、徳島県、高知県、大分県、宮崎県などで、狭い谷をよぶところは、長野県、岐阜県ぐらいである。したがってウトはなにか霊が出現しそうな洞穴や狭い谷をいうもので、単に地形だけの名称ではないようである。そうすると、ウトウ坂は大声で歌いながら通らないと魔物が出る、という伝承も、ウトから来ていることがわかる。もっとも鬼気迫る謡曲に「善知鳥《うとう》」があるが、これも「うとうやすかた」と鳴くという呼子鳥《よぶこどり》から来た曲名ではなくて、立山地獄で亡霊の出現する洞穴、また狭い谷から来た名ではないかとおもう。

このように昔話「瘤取り鬼」の木の洞は鬼の出現すべき洞であったのを、物語として木樵の雨宿りにしたので、鬼は外から大木の洞の前に集まってくることになった。この私の想定は、なぜ鬼たちは木の洞の前にあつまったのであるか、そして鬼の踊がはじまると爺はなぜ飛び出してゆかなければならなかったか、を説明するのに都合がよい。『宇治拾遺物語』のこの光景の描写はすでに第一章「鬼むかし」の中にあげたが、説明の都合上、もう一度かかげておこう。

大かたやう〳〵さま〴〵なるものども、あかき《（赤鬼）》色には青き物をき《（着）》、くろき《（黒鬼）》色には赤き物をき《（着）》、たうさぎ《（褌）》にかき、大かた目一つ《（一つ目小僧）》ある物あり。口なき物など、大かたいかにもいふ《（言）》べきにあらぬ物ども、百人計ひしめき《（犇）》あつまりて、火をてん《（天）》のめ《（目）》のごとくにともして、我ゐたるうつぼ木《（洞）》のまへ《（前）》に居まはりぬ。

すなわち木樵のかくれた大木の洞は、集まった鬼たちの真正面にあたり、親分鬼はこの洞の真前に坐《すわ》ったのである。これではとても隠れておれないので、踊がはじまれば飛び出してゆくことになる。また鬼というものも赤鬼と青鬼はわかるが、「目一つあるもの」や「口なき物」など百人あまりというのは「百鬼夜行」のような化物集団で、これが総じて鬼とよばれている。「目一つの鬼」は『出雲風土記』（大原郡阿用郷）に、

目一つの鬼来て、佃《たつく》る人の男を食ひき。

とあって、一目小僧の原像が出ているが、『常陸風土記』（久慈郡河内里）では「魍魅」を「おに」と読ませ、『倭名類聚鈔』（鬼魅類第十七）の「鬼」の項に、

鬼ハ物ニ隠レテ顕ハルルコトヲ欲セザル故ニ、俗ニ呼ビテ隠《おに》ト云フナリ。

とあるように、古代では鬼の形象は固定していなかった。したがって「鬼物」または「霊物」とよぶのが適当で、「物」は「物怪《もののけ》」のように姿がないということであった。

私は昔話にあらわれる鬼や天狗、河童、龍蛇のような、山神や水神や祖霊の化身は、古代には定型の形象を持たなかったものとおもう。それで私はこれらを「霊物」とよび、その物語を「霊物怪異談」と言うことにしているが、『今昔物語』(巻十一の三話)では鬼は夜に隠れて来るので、夜が明ければ帰らなければならぬものとしている。

鬼神等優婆塞ニ申シテ云ク、我等形チ極テ見苦シ。然レバ夜〻隠レテ此ノ橋ヲ造リ渡サム。

とあり、『宇治拾遺物語』の「瘤取り鬼」でも、
暁に鳥などなきぬれば、鬼どもかへりぬ。

とある。ところがこのような鬼が、平安末期から鎌倉初期にかけて、定まった形象を持つようになるのは、説話が絵画化されたことにもよるが、もっと直接の原因は、山伏または呪師《しゅし》の芸能に、鬼が登場するようになったためである、と私はかんがえている。

四　鬼の酒盛りと踊と呪師

「瘤取り鬼」のモチーフの㈢は鬼が酒盛りをすることで、㈣は鬼が踊ることである。この二つのモチーフは㈡の木の洞よりも必須《ひっす》のモチーフで、これを欠く話はない。これは鬼は酒が好きだからとか、踊が好きだからでは片付けられない重要性をもっているのであって、その理由は原話にあたる『宇治拾遺物語』にさかのぼることによって解明されるのであって、その酒盛りと踊には厳粛な作法があったことがわかる。もし、昔話は現在採集しうるかぎりの類話昔話を比較分析することによって解明すべきだとする論者があれば、なぜ鬼は踊が好きなのかという理由を答えてもらわねばならないことになろう。そして、もし論者がその答をしようとすれば、どうしても原話にさかのぼるという歴史的なアプローチしかないことに気付くはずである。

しかしこの鬼の酒盛りの作法には、座の主《あるじ》が要るが、これをファクターにのこした昔話はきわめてすくない。多くは五、六人の鬼どもとか、大鬼小鬼どもとか、赤鬼青鬼ががやがやと入ってきて酒盛りをはじめた、とあるだけである。ただ『磐城地方昔話集』（岩崎敏夫氏・三省堂）の「瘤とり爺さん」では、「鬼どもが酒を飲み踊りをおどっている最中であった」としながら、爺さんの顔の瘤をもぎ取るのは「鬼の大将」

である。おなじ岩崎敏夫氏の編集でも、近著の『柳田国男の分類による日本の昔話』では、柳田翁の『日本昔話名彙』の瘤取爺例話（山形県最上《もがみ》郡）に忠実すぎて、この「鬼の大将」を惜しいことに瘤のように落してしまった。

私はこの㈢のモチーフがこの昔話の成立にはとくに大事だとおもうので、『宇治拾遺物語』を引いておくことにする。ここで「むね《(宗)》とあるとみゆる鬼」とあるのは座の主、すなわち座主《ざす》であり、「よこ座」というのは主人公の坐《すわ》る座で、正面の最上席である。

むねとあるとみゆる鬼、横座にゐたり。うらうへ《(左右)》に二ならび《(列)》に居なみ《(並)》たる鬼、数をしらず。そのすがたおの〳〵いひ《(言)》つくしがたし。酒まゐらせあそぶ有様、この世の人のする定《ぢやう》也。たび〳〵かはらけ《(土器)》はじまりて、むねと《(宗徒)》の鬼ことの外にゑひたるさまなり。すゑ《(末)》よりわかき鬼一人立《たつ》て、折敷《をしき》をかざして、なにといふにか、くどき《(口説)》くぜゝる《(口舌)》ことをいひて、よこ座の鬼のまへにねりいでゝ、くどく《(口説)》めり。横座の鬼、盃を左の手にもちて、ゑみ《(笑)》こだれ《(弛緩)》たるさま、たゞこの世の人のごとし。舞て入ぬ。次第に下よりまふ《(舞)》。

この酒宴と舞踊の作法は、延年芸能をのこした各地の郷土芸能（神楽・田楽・猿楽・舞楽・延年等）によく見られる作法である。その一斑については、拙稿『長瀧六日祭延年と修験道』（講座『日本の民俗宗教』6・昭五四年、弘文堂）にのべたが、とくに「次第に下より舞ふ」とあるのは、延年特有の「順の舞」である。これを「ズンの舞」と読むのも全国一般なので、延年の作法はどこかに中心があって、全国の諸大寺や修験道の社寺にひろまり、ひいては村落の社寺の「おこない」(共同祈願)にもおこなわれるようになったものと、私は想定している。

延年については能勢《のせ》朝次《あさじ》氏の『能楽源流考』にすぐれた研究があり、本田《ほんだ》安次《やすじ》氏も『延年』(昭四四年・木耳社)の大著を出されたけれども、もう一つ一貫した体系と説得力がないのは、修験道の視点を欠くからであろう。私はしばしば従来の難問に対して修験道の立場から試論を出しているが、この延年という芸能も修験道の視点からならば、かなり解明されることが多いのである。しかもこの視点はここ七、八年来の修験道研究の進展の結果得られたものなので、当分のあいだ懇切丁寧に説明しなければならないであろう。

私は国文学界の消息にうといので、『宇治拾遺物語』の研究の現状を知らないが、この部分の解説はどうなっているのだろうか。しかしこの部分は延年に関する文献と、その残存である各地の神楽、田楽、猿楽、舞楽等を照合することなしに解くことはできないはずである。延年は神祭における直会《なおらい》にあたるもので、宮座《みやざ》とおなじ厳重な作法があり、その余興としての歌舞がもよおされた。神事と仏事が完全に融合したものなので、山岳宗教の寺社すなわち修験道から発生したと推定され、これを主催したのは一山の衆徒《しゅと》または堂衆《どうしゅ》、衆徒候補の稚児《ちご》である。
堂衆は一山の警備と山内諸堂舎の開閉、香華閼伽《こうげあか》灯明の献備とともに、荘園経営などの俗務を司《つかさど》ったが、行人《ぎょうにん》、山伏としての山岳修行によって身心を鍛え、呪験《しゅげん》力を身につけた。このような人々は学生《がくしょう》（学侶《がくりょ》）からは従者、雑役人のようにあつかわれたけれども、世間でも宮中でも呪験、修験《しゅげん》、殊験《しゅげん》、験者《げんじゃ》（訛《なま》ってげんざ）として重用された。修験、殊験等の語は十世紀半の『小右記』（天元《てんげん》五年三月廿五日・廿六日）にはあらわれている。

かれらはまた諸法会のおこなわれる道場（宮殿や社殿や堂舎）の外の警備にあたり、目に見えぬ障碍魔をはらうために呪的作法をした。これを結界《けっかい》作法といって、密教の軍荼利《ぐんだり》法を修することが多かったが、火（松明《たいまつ》）を振ったり、足踏（だだ・達陀《だつだ》・反《へん》閇《ばい》）をしたり、跳躍や旋回など、障碍魔を威嚇攘却する原始呪術もおこなった。こうした結界作法をする堂衆、行人はやがて呪師（訛ってずし）として独立の階層をつくり、原始呪術をいっそう巧妙に美的に構成し、これを宗教芸能に高めた。

原始呪術を芸能化するためには、アクロバティックなはげしい身心の錬磨を必要とするので、山岳修行はかれらの鍛錬の場であった。三河花祭のような山伏神楽が、大峯修行をおこなった山民によって支えられたことを、私はすでに論じたことがあるが、足踏や跳躍や旋回を美的に構成するには、軽業曲芸的散楽《さんがく》を導入することがもっとも有利である。したがってここに呪師散楽が成立することになり、『宇治拾遺物語』（巻五の第九話）の「御室戸僧正ノ事、并一乗寺僧正ノ事」には、大峯山二度修行の一乗寺《いちじょうじ》僧正増誉《ぞうよ》（熊野三山撿挍《けんぎょう》初代）に愛された、呪師《しゅし》小院《こいん》の散楽芸の巧妙さがかたられている。

この書の「鬼にこぶとらるゝ事」のさきの引用文に、「すゑ《（末）》よりわかき鬼一人立《たつ》て、折敷をかざして」とあるのも、おそらく現在の各地の山伏神楽のレパートリーに多い「折敷の舞」だったにちがいない。これは左右の両掌《てのひら》に水平に折敷（小さな神膳《ぜん》）をのせ、これに一つかみずつの白米を積み、両手をひろげたまま頭からでんぐり返しを打って向こうへ立つ。しかも米一粒もこぼさないのを誇りとする。

備中神楽や備後神殿《こうどの》神楽、安芸芸北《げいほく》神楽などは、折敷を落さないのが精一杯であったが、土佐の池川神楽では見事に米一粒もこぼさないのを拝見したことがある。このような呪師の散楽的曲芸が、『宇治拾遺物語』の書かれた院政初期、十一世紀後半には成立していたことを、この説話によって知ることができる。

この「折敷の舞」はもと堂衆や長床衆あるいは神主、禰宜《ねぎ》が神饌《しんせん》米を折敷にのせて献供《けんぐ》する型を芸能化したものとおもわれる。しかしのちには延年酒盛りの座についた大衆に給仕する稚児が、給仕用の折敷またはお盆をもって即興舞をするようになったと推定され、このときの給仕の口上が、引用文の「くどきくぜせること」である。

私がこのように推定するのは、今の山伏神楽のレパートリーには「盆の手」のほかに「湯筒《ゆとう》の手」もあって、これは酒を給仕酌取するときの即興舞とかんがえられるからである。延年には儀式的な舞のあとに即興舞があって、誰でも飛入りができたので、木樵の爺さんも飛出してゆく出番がかならずあった。今も奥三河の花祭（山伏神楽と延年）では、見物人である「セイトの衆」（斎燈の衆）が飛入りで舞うことができる場面がある。この昔話はこのような延年の場を想定してはじめて筋の必然性と話の雰囲気をあじわうことができるとおもう。

五　鬼と霊物と眷属

日本人の鬼の概念はきわめて複雑である。『鬼の研究』と題した本も、二、三にとどまらないが、まことにアンビシャスな題である。これを文学作品を手がかりにあきらかにしようとしても、この姿なき霊物はまことに捉《とら》えどころがない。芸能でも能の五番目の鬼物や神楽の鬼神物、三河花祭などに、鬼はもっとも人気のある登場者であるけれども、なぜそのような場にあらわれるのか、明快な説明をしたのを見たことがない。絵画彫刻では天燈鬼《てんとうき》や風神、雷神、地獄絵の獄卒、山姥《やまんば》、鬼婆《おにばば》などが描かれ造られても、ただ子供をおびやかすだけである。

ところが昔話の世界に登場すると、鬼はもっとも単純で、人間味と愛嬌《あいきょう》がある。これはあまり作為のくわわらない鬼の原像にちかいものが、昔話に残存したからであろう。

鬼は人間の精神現象から生まれたものだから、精神構造によって鬼のイメージは異ってくる。ヨーロッパの鬼、中近東《ちゅうきんとう》の鬼、インドの鬼、中国の鬼、そして日本の鬼が同一であるはずがない。また大人の鬼と子供の鬼もちがうのである。鬼が精神現象から生まれるということは、言いかえれば宗教観念の表出ということになる。その場合、自然神観からすれば山の精霊《スピリッツ》が鬼としてあらわれるということになるし、人格神観ならば悪魔、怨霊や死者の霊、または祖霊が鬼になる。そうすると「瘤取り鬼」の山奥の鬼はどちらであろうか。

自然神観で鬼を霊物としたのは空海《くうかい》の『性霊集』（巻二）で、「沙門勝道、山水を歴《ゆ》きて玄珠を瑩《みが》くの碑」に、

蘇巓鷲嶽《そてんじゆがく》は異人の都る所、逹水龍坎《たつすいりゆうかん》は霊物斯《これ》に在り。異人の卜宅《ぼくたく》する所以《ゆゑん》、霊物《を》の化産《けさん》する所以《ゆゑん》なり。豈徒然《あにいたづら》ならんや。

とある。異人を仏菩薩とし、霊物を「尊く不可思議な物」などと註釈《ちゆうしやく》した本もあるが、異人は超人間的な鬼や天狗のことであり、霊物（魑魅《ちみ》）も鬼、天狗、河童、龍などのことであろう。すなわち蘇迷路山《そめいろ》（須弥山《しゆみせん》）や霊鷲山《りようじゆせん》のような高山、あるいは阿耨達《あのくだつ》池《ち》や龍穴のような深壑《しんがく》には、異人が好んで住み、霊物が出現する、という文意である。

これらを霊物と名づけたのには、中国古典の出典があるかもしれないが、昔話の霊物怪異談にはぴったりの用語である。

この文で空海、もしくは空海の時代のインテリは、鬼や天狗は高山深壑の自然の中から生まれるとおもっていたことがわかる。そして異人霊物の住む高山深壑には、仏菩薩も実在するので、山水修行をすれば玄珠（悟り）を瑩《みが》くことができるというのである。

しかし宗教民俗学では、深山の奥や地獄谷とよばれるような深い谷には、「山中他界」と名付けられる死者の霊魂の卜宅する世界があって、その霊魂が目に見えない隠《おに》（鬼）として化産するとかんがえる。したがってこうした鬼は荒れてたたりをすることもあるし、恩寵を与えることもある。このような人格的霊物が、「瘤取り鬼」の鬼であるが、普通鬼、天狗は山神の化身として礼拝される。修験道（山岳宗教）の山ならば、例外なしにかならず鬼もしくは天狗をまつるのは、それが山神の化身だからである。大峯修験道では役行者の従者としての前鬼、後鬼を崇拝するが、九州の求菩提《くぼて》山中宮には鬼神社があって、他の堂舎が廃滅したのに、その建物と鬼面、天狗面などは健在である。厳島《いつくしま》の弥山《みせん》頂上の三鬼《さんき》大権現もいまだに絶大な庶民信仰をあつめており、京都の鞍馬山は『扶桑略記』（延暦十五年条）に鬼神がおったと書かれ、前後の文脈から山神であったことがわかる。いま天狗、魔王尊として庶民信仰の対象となっているのはこの鬼神である。

　このような山神は、また眷属《けんぞく》と称するお伴をつれて歩くと信じられているが、私は山神は始祖霊の神格化であり、眷属はその子孫の霊の霊物化であろうとおもう。これが百鬼夜行の群行《ぐんぎょう》となるのであって、この群の中心には親分の山神がかならず居る。「瘤取り鬼」に親分または大将の鬼のおる所以で、『宇治拾遺物語』ならば「むね《(宗)》とあるとみゆる鬼」である。これが山伏神楽の三河花祭ならば、宵と夜中と朝と三回、親分鬼（役鬼）が交代する。宵は山見《やまみ》鬼（山割鬼）、夜中は榊《さかき》鬼、朝は朝鬼（茂吉鬼）で、これに伴鬼《ともおに》という多勢の鬼が群がって、共に鉞《まさかり》を振るって踊るのである。

　伴鬼は親分の役鬼が登場するまで、舞所《まいと》の湯立釜のまわりを踊りまわり、役鬼が出ると踊を止めて役鬼一人の厳粛な鬼舞になる。その儀式舞がすめばこんどは全部一緒になって踊りまわるが、このときは「瘤取られ爺さん」のように、見物人も飛び出して鬼と一緒に踊ることができる。また三回の役鬼の舞の合間にも、稚児や若者が山伏の神事化した装束で、華麗な呪師散楽の舞を展開する。こうした山伏神楽をふくむ延年を背景に『宇治拾遺物語』が書かれ、鬼面をつけた山伏の舞を日常見ることのできた人々に語り継がれながら、昔話化したものであろうとおもう。

六　蓮華会と延年

以上で私は山神の鬼の話を、いつの間にか山伏と芸能の話にしてしまったが、宗教芸能というものは神の行うところを人間の宗教者が代って演ずるのである。したがって芸能は神態《かみわざ》ということができる。「瘤取り鬼」の原話である『宇治拾遺物語』の説話は、山神の鬼の神態を山伏がおこなった話として解釈すれば、話の筋がよく通るであろう。

山伏が延年芸能で神態を演ずるのは、山伏が苦行と参籠《さんろう》の入峰修行によって人間としての罪穢を取り去れば、山伏の体に神が憑依《ひょうい》して神と同体となり、神とおなじ神態をおこない、予言託宣をすることができるようになることをあらわすためである。これが山伏の験力《げんりき》というもので、私はこの現象を仏教の「即身成仏」にならって「即身成神」と名付けている。「瘤取り鬼」の山伏がこの験力で爺さんの瘤を取るように、山神への信心深い人々の災を取り厄を払い、病気を治すという神態を演ずるのである。山伏がこのような験力を発揮するのは何時でもよいようなものであるが、その力は入峰修行が無事完了して出峰したときが、もっとも新鮮で「新か《あらた》」である。したがって山伏は出峰にあたって「験競《げんくらべ》」をおこなうので、その験競の席へ行けば験力で神態

藤守田遊（田楽）の外酌（延年）（静岡県大井川町）

を発揮してもらうことができる。比叡山の回峰行者が葛川《かつらがわ》明王院に集まると、人々は土下座して金剛杖で体を打ったり踏んだりしてもらう。また旧幕時代までの伯耆《ほうき》大山《だいせん》では、如法経修行を終えて旧六月十五日に弥山の浄水とダイセンキャラボクの枝をもって下山した山伏に、やはり患部を打ったり踏んだりしてもらったという。

このように山伏が出峰して験競をおこなう儀式を蓮華会《れんげえ》というが、このとき入峰中の慰労のための酒盛りと、これにともなう芸能歌舞がおこなわれる。この酒盛りと歌舞を合わせて「延年遐齢《かれい》の興」とよぶのである。延年は舞だけとおもっている専門家もいるが、仏教の延年は神道の直会《なおらい》とおなじで、かならず御馳走《ごちそう》が

岩屋天然寺修正鬼会の酒盛り（延年）（大分県豊後高田市）

出て無礼講の酒盛りになり、その余興に歌い踊り、即興舞にも種々の趣向をこらした。これが日本の民間芸能を発達させたもので、現在、郷土芸能といわれる神楽、田楽、猿楽、舞楽等は、神社でおこなわれるものでも、ほとんどすべてが神仏習合時代の延年の一部がのこったものと、私は主張している。

蓮華会とよばれる延年は、隠岐《おき》の国分《こくぶん》寺《じ》や鞍馬の竹伐《たけきり》（験競）、吉野の蛙跳《かえるとび》、羽黒《はぐろ》の花祭《はなまつり》、などにのこっているが、いずれも夏の峰入修行の出峰《しゅつぶ》蓮華会である。しかし神社や寺院で修正会《しゅしょうえ》（正月の初祈《き》禱《とう》）の結願にも、慰労の酒盛り延年がひろくおこなわれたから、現在のこる郷土芸能の延年の神楽や田楽は修正会延年が多い。「瘤取り鬼」の鬼の酒盛りと踊りは季節はわからないけれども、この修正会の延年だったようにおもわれる。

　私が修正会延年と推定する有名な酒盛りに「天狗の酒盛り」がある。これはよほど有名だったとみえて、江戸時代の俳諧《はいかい》季題書でこれを載せないものはない。しかし最近の『俳諧大歳時記』などが、これを「愛宕寺《あたごでら》天狗宴」とか「愛宕寺牛玉加持《あたごでらごおうかぢ》」などとしているのはいただけない。これは京都の祇園《ぎおん》八坂《やさか》にちかい愛宕寺《おたぎでら》（のち珍皇寺《ちんこうじ》と念仏寺の二か所に分かれ、念仏寺の方は明治年間に洛西愛宕山麓《らくさいあたごさんろく》に移転した）の正月二日の行事であった。貞享《じょうきょう》元年の『雍州府志』には、

　毎年正月二日夜、門前ノ犬神人、聚リ二方丈ニ一、作ス二酒宴ヲ一、是ヲ謂フ二天狗酒盛ト一、其後赴キ二本堂ノ牛王加持之場ニ一、鳴シ二太鼓ヲ一、吹キ二法螺ヲ一、其ノ体喧雑、故称スル二天狗酒盛ト一者乎。

とあり、祇園社の犬神人《いぬじにん》（弦召《つるめそ》、弦指《つるめそ》）が愛宕寺（実は念仏寺の方）の門前に住んでいて、愛宕寺の雑役をする堂衆山伏身分であった。したがって正月二日の愛宕寺修正会《おたぎでらしゅしょうえ》牛玉加持の最後の乱声《らんじょう》に奉仕して、太鼓を乱打し法螺を吹き鳴らしたもので、おそらく走ったり跳躍したりして床を踏みならしたであろう。これで悪魔障碍《しょうげ》を追い出す山伏の結界呪術をおこなったのである。本来は牛玉加持で修正会が結願してから延年酒盛りになり、その余興に歌舞がおこなわれたはずであるが、この時代には乱声の馬鹿騒ぎのために、一杯景気をつける酒と勘ちがいされていたらしい。

　また貞享二年（一六八五）の『日次紀事《ひなみきじ》』にも天狗の酒盛りがあって、これには

『宇治拾遺物語』とおなじく犬神人は二列にならんで酒盛りし、舞には折敷《おしき》（倍木《へぎ》）を持ったことが出てくる。

今日（正月二日）、夜に入り、弦指《つるめそ》、客殿に聚《あつ》まり、南北二行に列座して、各宴飲す。その座上にある人、位木《へぎ》を持ちて起ち舞ふ。これを天狗の酒盛といふ。もと転供《てんぐ》の酒盛なり。

とあるが、実は「転供」でなく犬神人を山伏とおなじく天狗に見立てたのである。また倍木は剝板《へぎいた》のことで、神仏へのお供物を載せる板で、これに縁《ふち》板をつけたのが折敷《おしき》である。したがって『宇治拾遺物語』は山伏の修正会延年のありさまを書いていることはあきらかであり、山伏を鬼として物語化したまでである。

七　順の舞

愛宕寺の天狗の酒盛りをもっと具体的に「鬼にこぶとらるゝ事」と比較して、延年の作法を知るために正徳《しょうとく》三年（一七一三）の『滑稽雑談』（巻之一、正月）の「天狗酒盛」を引いてみよう。

古老語云て、天狗酒盛と云事、いにしへ此犬神人に両座有。毎年愛宕《おたぎ》寺の修正会の夜、大坊に来り酒宴をなして後、万歳楽《まんざいらく》を唱ふ。たとへば（「西座より」脱落か）、東座お総僧と、たからかによばへば、其座の方より一人立て、万歳楽々々々と唱へて入。又東座呼べば西座、是に同じく、一献々々に如レ斯、次第に上座に至り、又若人より老人に及ぶ。此度の万歳楽は、東の方背高し、又西の方背高しなど、もて興じけるに、今年は東の方背くらべに勝たるとて、一年の吉凶をいひいどみあへるに、（下略）

これを見ると『宇治拾遺物語』に「すゑ（末座）よりわかき鬼一人立て、折敷をかざして……次第《ずん》に下よりまふ」とあるように、下座から一人ずつ順に長老（座主《ざす》）の前へ出て、「順の舞」をしたことがあらわされている。そしてその舞の上手下手は東西の吉凶（豊作凶作）の占にもなったのであるから、舞による験競《げんくらべ》だったこともわかるのである。

しかも「順の舞」に「万歳楽々々々」を唱えることは、延年系の民間神楽や田楽には、ほとんど例外なく現在でもおこなわれている。三河鳳来寺田楽には「五番の舞」と「万歳楽」がつづけておこなわれるが、もはや何の意味かも忘れて形だけになってしまった。多くのすぐれた芸能史研究家が毎年おとずれるのだから、その原形を指摘してもよさそうにおもわれる。「五番の舞」は「お願の舞」といったと言い伝えるが、これは一人一人が舞って立願する意であろう。しかし「五番」という意味は、東西から一人ずつ出て一番《ひとつがい》（一組）となり、舞競べを五回くりかえしたものとおもう。「五《いっ》

鳳来寺田楽の歳頭（愛知県鳳来町）

番《つがい》の舞」で十人が代る代る舞ったのである。そのときの唱え言が「万歳楽」（永遠に繁昌せんことを！）である。ところが今の鳳来寺田楽では五人がそろって舞庭へ出て、楽禰宜《がくねぎ》（長老にあたる。田楽の指揮者《コンダクター》である）を中心に二人ずつ向き合って、左足の爪先《つまさき》を三度踏み、また踏み代えて右足の爪先を三度踏む。このとき左右の手の扇と鈴を三度ずつ振るのが舞である。

それがすめば腰をかがめて扇で床を二度打って「万歳楽！」という。すると囃《はや》子方《しかた》が「万歳楽！」と受け、これを二回くりかえす。郷土芸能にはこのような変化はよくあることで、一人ずつ十回くりかえすのを一回で済まそうとしたために、「順の舞」であることを忘れたのである。

また二人ずつ一番《ひとつがい》で五番の験競（舞い競べ）であることも忘れたために、五人が一度に出て一斉に舞うようになったものと推定できる。
しかしこれと反対に、田楽の奉仕者が一人ずつ舞うけれども、二人一番《ひとつがい》の舞い競べであることを忘れたものもある。三河鳳来寺のある鳳来町（現・新城市《しんしろ》）のすぐ隣の設楽《したら》町田峰《だみね》の、有名な田峰観音堂田楽である。ここには昼の田楽と夜の田楽と朝の田楽と三回の行事と舞があるが、朝田楽は庭田楽ともいって散楽的田楽である。昼（午後）と夜（宵から夜半）の行事はまさに延年で、甘酒と握り飯が田楽衆にも見物人（参拝者）にも配られるのが、延年の酒宴饗応《きようおう》にあたる。そしてここの「順の舞」は「扇の舞」と「仏の舞」と「万歳楽」の三部から成っており、みな荒菰《あらこも》の上でおこなわれるのが、この行事の重要さを物語っている。
この舞のあいだは太鼓、笛、銅拍子《どびようし》の楽囃子《がくばやし》が伴奏するが、「扇の舞」には神歌《かみうた》とよばれる合唱がある。私はこれこそ『梁塵秘抄《りようじんひしよう》』の「二句神歌」にあたるとおもうもので、民間神楽や田楽には中世歌謡のみならず、平安時代の今様《いまよう》歌まで伝承されたと信じている。その証拠の一つは、神歌の一首、
やいやあ　東《あづま》には女はなきかよ、女にはあれども、やいや、神のきらいで男みこ、
おはいやいや、
は、『梁塵秘抄』二句神歌の、

東には　女はなきか　男巫《みこ》、　さればや神の　男には憑《つ》く

を鳳来寺田楽は『梁塵秘抄』を知らずに伝承したものであろう。

田峰田楽の順の舞は、鳳来寺田楽よりはすこし手が込んでいて、左足の爪先三度、右足の爪先三度ずつ踏む動作を、東西南北中央と五方に向いて五回くりかえす。これを田楽衆二十人ほどが次々に一人ずつ出ておこなうので、一時間ぐらいかかる。次いで「仏の舞」もおなじ動作を一人一人くりかえすが、一人が終るとそれぞれ楽太鼓の胴を扇子で一回なでるように叩《たた》く。これが終って「万歳楽」になると、おなじ動作を一人ずつくりかえして、終りに楽太鼓の胴を軽く叩くとき「万歳楽！」ととなえる。

これでわかるように、田峰ではまた「番《つがい》」であることを忘れた。延年の験競はかならず番《つがい》で、二人ずつで勝負をきめるのである。そして勝った方は褒美をもらうが、私の山伏体験では褒美は「手毬《てまり》」と隠語でよばれる握り飯であった。「瘤取り」に語られた瘤も、ことによると手毬を与えたり取ったりしたのが、元ではなかったかとおもわれる節がある。しかし『宇治拾遺物語』で木樵の爺さんがとび出して踊ったのは、「順の舞」のような儀礼舞ではなくて、無礼講になってからの勝ち抜きの舞競べだったかもしれない。その優勝の褒美が「瘤取り」なので、もうすこし延年の作法（定《じょう》）を述べてみようとおもう。

八　「瘤取り鬼」の囃子と延年

昔話の「瘤取り鬼」が延年に関係があることは、原話である『宇治拾遺物語』にさかのぼれば一目瞭然《りょうぜん》であるが、昔話の中に出てくる囃子と踊歌にもあらわれている。『聴耳草紙』に出ている岩手県黒沢尻（北上市）の「瘤取爺」では鬼の代りに赤ら顔の鼻高となっているが、瘤のある二人の爺さんの夜籠《よごも》りしていたところは「神様の長《なが》殿《との》」となっている。延年のおこなわれるのは野外（芝居）であったり、仮説の舞台であったりするけれども、長床《ながとこ》の場合も少なくないので、「長殿」という言葉がのこったのであろう。長床は神社の拝殿にあたり、僧徒（供僧《くそう》または山伏）は長床に出仕して読経するので、山伏の別名は「長床衆」である。神仏習合時代でも僧徒は長床より内へは立ち入ることができず、神殿内の奉仕は神主であった。

長床（拝殿）は大修験集団では大講堂とよばれ、大衆僉義《だいしゅせんぎ》のような集会《しゅえ》がおこなわれるとともに、延年も大講堂で催された。白山の美濃馬場《ばんば》（登山口）にあたる長滝《ながたき》（岐阜県白鳥《しろとり》町）の長滝寺大講堂《ちょうりゅうじ》（現在は長滝《ながたき》白山神社拝殿）では、いまも修正延年《しゅしょうえんねん》がおこなわれているし、羽黒山の出羽神社三山合祭殿ももとは大講堂で、大晦日《おおみそか》の「松《まつ》撃《うち》」（「松聖行事《まつひじり》」ともいったが、今は「松例祭《しょうれいさい》」）の延年の一部がこの中でおこなわれる。

長滝白山神社拝殿の修正延年の田楽（岐阜県白鳥町）

『聴耳草紙』ではこの長殿に囃子がひびいてきたが、天狗は踊れないので、爺さんがとび出して歌いながら踊った、となっている。その囃子は、

それれ〳〵　とひゃら〳〵　すととん〳〵

であり、一人の爺さんの歌は、

くるみはぱっぱ　ぱあ〳〵づく
おさなきやあつ《(幼き奴)》の　おっかあの
ちゃあるるう　すってんがあ

であり、もう一人の爺さんの歌は、

ふるきり〳〵　ふるえんざ《(古円座)》あ
こおさあめ《(小雨)》の降る時は　いかにさみしやかろらんとも　すってんがあ

とある。

　まず最初の囃子は、延年の笛太鼓の囃子譜の中にこれと似たものがあるから、

これを聞いていた民衆の昔話の中に入ったのであろう。たとえば平泉《ひらいずみ》の毛越寺《もうつうじ》延年の『田楽笛伝』（本田安次氏『延年』所引）には、

ヒャラ　ララ　リルラル　チャラ　ルウラ　ラットウリ　リャウ　（以下略）

とあり、「二度躍リ散ス、ヨセテ躍ル、ササイテ躍ル、クダッテ躍ル、向テ躍ル、ヨセテ躍ル、ササイテ躍ル、クダッテ躍ル、御殿カヱシ《（五返か）》」、などと踊り方の指示がある。したがってこれが延年の乱舞の踊囃子だったことはうたがいない。また同書の「小瀧の八講祭舞楽」にも、

トウヒャラ　シウヤラ　ドウヒャラ　ラリンシャ　ララフララ　シウヤラ　トウロ　タリンチャ　チンヤンサ

などとあり、鳥海山《ちょうかいさん》修験の小滝口《こたきぐち》（秋田県由利《ゆり》郡（現・にかほ市）象潟《きさがた》町小滝金峰《こだききんぽう》神社）の法華八講《はっこう》延年の舞楽であった。この舞楽にはまた「語り」で一ッ二ッ三ッ四ッとかぞえることがあり、これが「瘤取り鬼」の昔話に多い「一ぼこ、二ぼこ、三ぼこ、四ぼこ」の囃子のもとではなかったかとおもう。

まずこの数え囃子からのべると、本田氏の『延年』によれば、「天保の書留」には、

清者陽易濁地《シャラハリヤリヤリランラ》《スメルモノハテントス　カタドリテニゴレルモノハチナリ》　呼一ッ二ッ三ッ四ッ　五ッ六ッ七ツント

とあり、「瓊《ぬ》矛《ぼこ》の舞」にも、

呼一ッ二ッ三ッ四ッ　五ッ六ッ七ッドンドンドンドド

とある。またおなじ鳥海山修験の延年である山形県飽海《あくみ》郡田沢《たざわ》村（現・酒田《さかた》市田沢）新山《にいやま》の「稚児舞」（舞楽）の天狗舞に、

ヒトーツ　フターツ　ミーツ　四ッ　チチトン〱〱　ツヤナー　ツット
ン〱〱　ツタナキ　ツットン〱〱　レーツ〱〱

という数え囃子があるという。

この囃子を昔話は滑稽《こっけい》化したらしく、「天狗天狗八天狗、俺までかぜ《（数）》れば九天狗」と歌って踊り出したといったり、「一ぼこ二ぼこ三ぼこ四ぼこ、俺まで足して五ぼこ」と囃しながら瘤取られ爺さんは踊りの中に入ったとする。この数え囃子が東北地方と九州地方の「瘤取り鬼」に多いのは、古い型の昔話だったからであろう。ところがこの悪ふざけがすぎると山形県最上郡真《ま》室川《むろがわ》村（現・真室川町）の昔話のように、「一別長二別長三別長四別長」という囃子になり、爺は「五別長！」といって踊りに加わったとなる（『昔話研究』二―一八六）。「ぼこ」の男根に対して「別長」は女陰の関東、東北の方言である。このような悪ふざけは子供に話す昔話以前の、大人の昔話だった時代の型をのこしたものであろう。

以上のような数え囃子は、一つには延年舞には「白拍子風流《しらびょうしふりゅう》」という曲目があって、数え歌を歌ったことに源流があるかもしれない。いわゆる「白拍子をかぞえる」とい

うことで、「一つとせー、二つとせー」のようにかぞえ、また「橋尽し」「名所尽し」「松尽し」のように今様、小歌をかぞえた。これはおそらく「くどき」の元であろう。これが門付芸《かどづけげい》の大黒舞や万才、松囃子《まつばやし》などになると「一に俵を踏んまえて、二ににっこり笑って、三に盃《さかずき》さすように、四つ世の中良いように、五ついつでもニコニコと」というような数え祝言になったものとおもわれる。

九　古蓑、古笠、古円座

次に、爺さんの踊りの歌はまるきり訛《なま》ってしまって意味不明になったが、昔話研究にはこれも避けて通れない部分であろう。私は、これは山の中の淋しいお堂や大木の洞に入って寝たというモチーフから、化物寺の歌が入ってきたものとおもう。山奥の淋しい所で「大かた目一つある物あり。口なき者など、大かたいかにもいふべきにあらぬ物ども、百人計ひしめきあつまりて」と化物が出たという『宇治拾遺物語』の継承が、この歌に出ているのであろう。

そこでその元歌をさぐっておいてから、話を延年にもどすことにしよう。『江刺郡昔話集』（佐々木喜善著）では、鬼の踊の囃子歌を、

古道　古坂　古大道　てがひが薩婆迦《そわか》にしゃあどん〳〵

とするが、これも『聴耳草紙』の「ふるきり　ふるきり　ふるえんざあ」に共通するものであろう。私はこれはもと「古蓑　古笠　古円座または古太鼓」の訛ったものと推定する。「ふるかさ」を「ふるさか」とし「ふるたいこ」を「ふるたいどう」としたので、「ふるみの」が「ふるみち」になったのである。これに延年に唱える真言の「ソワカ」と銅拍子や鉦《かね》太鼓の擬音を付け加えたものと私は解釈する。そしてこの延年の楽器も囃子の中では「古鉦、古太鼓、古鼓」とうたわれるようになる。これは化物寺の方では『郷土の伝承』(一―三九)の、

古みの　古かさ　古たいこ　つゞいて古下駄　古わっぱ

や、『津軽むがしこ集』(六)に、

ふる蓑　古笠　古つづら　ふる鉦　古太鼓　古つづみ

とうたわれているからである。

そうすると前掲の『聴耳草紙』の「ふるきり〳〵ふるえんざあ」以下の囃子歌を私なりに復元すると、

古蓑　古笠　古円座　ざあ〳〵　小雨の降る時は　いかに淋しや　淋しかるらん
すってんがあ

となるだろう。化物寺では夜になると古蓑《みの》や古笠《かさ》(古傘)や古円座が化けて踊り出すので、小雨の降る晩にはどんなに淋しいことだろうという解釈になる。『聴耳草紙』

のもう一つの「おさなきやあつの　おっかあの」以下の囃子歌はもっと難解であるが、「古蓑　古笠　古わっぱ」の次は幼い子供の母親が死んで化けて出るという歌ではなかったか、と想像する。

いうまでもなく「古わっぱ」は古い割子《わりご》で弁当箱、古円座は米俵などの蓋《ふた》になる藁《わら》で編んだ円座で、どちらも食物をのせて墓へ供えたものである。いわゆる霊供《れいく》の乗せ物または容器で、墓には霊供とともに、蓑と笠と下駄と杖《つえ》をあげることが多い。これらの葬具については、私は別稿で詳しく論じたことがあるので参照されたい（拙稿「葬と供養」月刊『東方界』二十一回～二十四回　昭和五十五年四月号～七月号）。

これらが化物寺の墓から踊りだすという怪談が、昔話の「化物寺」というジャンルになったのであろうが、古い本堂の中では古鉦や古太鼓、古葛籠《つづら》が踊るという話もあったらしい。これが、淋しい山中のお堂や木の洞の恐ろしさをあらわすために、昔話の中に導入されたのが忘れられ、何のための古蓑、古笠、古下駄かも不明に帰して、踊りの囃子としてのこった。その上、山形県最上郡真室川村（現・真室川町）の場合のように、瘤取られ爺さんの前には一つ目小僧、三つ目小僧、手長、足長のような化物があらわれるというのも、この昔話の原話に『宇治拾遺物語』があったことを垣間《かいま》見せるものであろうし、そこに出る動物の中に、猿、狐、貉《むじな》のほかに貂《てん》が混っているのは、『宇治拾遺物語』の「火をてんのめのごとくにともして」とあるのを動物の貂の目としたためとおもわれる。

十　「瘤取り鬼」の焚火と斎燈

昔話の「瘤取り鬼」と『宇治拾遺物語』の原話との間には、大きな距離があるけれども、その本末関係を立証する一つのファクターが、化物寺の囃子歌と数え囃子であることはさきに述べた。「天狗天狗四天狗」の数え囃子は「田螺《たにし》息子」にも入っているので、鬼や天狗の昔話に付いて廻《まわ》る囃子であるらしい。しかし昔話の「貂《てん》」や「焚火」というのも、『宇治拾遺物語』、したがって延年に関係があるとおもわれる。山形県最上郡真室川村（現・真室川町）の場合は、『宇治拾遺物語』の「火をてんのめのごとくにともして」を「貂の目」としたらしいけれども、『譬喩尽《たとえづくし》』に「燈火日輪の如し」を「トモシビテンノメノゴトシ」とあるように、日輪のごとくあかあかと火を焚くこととすべきであろう。今まで採集された「瘤取り鬼」には、この焚火のことはまことに少ないが、最近の『奥備中の昔話』（『昔話研究資料叢書』8　昭和四十八年　稲田浩二、立石憲利著　三弥井書店刊）には、

その大きな木の蔭へ、みのを着て笠あか《(被)》ぶって隠れとったらなあ、鬼が木の下へ来て、ええ火を焚いてなあ、宝物をいっぱあ置いて、そいからもう酒よう出して

飲んでなあ、ええ気分になって、しまいにやあ歌あうとうて踊りだしたとある。この「ええ火」というのは「天の目」、すなわち日輪のごとく大きな焚火のことで、『宇治拾遺物語』との繋《つな》がりをしめすばかりでなく、延年に必須《ひつす》条件の斎燈《さいとう》のことである。

斎燈は神楽では庭燎《にわび》といい、これを司《つかさど》るのは人長《にんぢょう》すなわち神楽人の長である。神楽にあたってはまず最初に人長の庭燎の舞があり、鏡をつけた榊の枝を採物に採って、

深山には　霰《あられ》降るらし　外山《とやま》なる
　正木《まさき》の葛《かづら》　色著きにけり

の歌で舞う。そのあとで阿知女《あちめ》作法があり、篠《ささ》や鉾《ほこ》など採物舞のレパートリーになる。これが猿楽ならば篝《かがり》に薪を焚くから、薪能になる。

延年としての修験寺院の神楽や田楽でも斎燈はきわめて重要である。三河の花祭や西浦《にしうれ》田楽、新野《にいの》の雪祭、田峰田楽などを見れば、その重要性がわかるけれども、意味をわすれて斎燈を失った延年もすくなくない。たとえば、三河花祭は延年の山伏神楽であることを私はしばしば説いているが、その斎燈は舞所《まいと》の土間の隅に焚かれ、訛ってセイト（斎燈）という。今は見物の人の採暖と照明のようにかんがえられていて、見物人を呼ぶのに「セイトの衆」という言葉にのこすにすぎない。しかしかつては、きわめて神聖な火とされていたことは、薪は天井裏にあげられていて、「天の番」（棟《むな》

祭《まつり》ともいう天狗祭の司祭者）が天井裏から下した薪を焚いていたことでもわかる。しかし今は木炭を焚くので、このことはなくなり、研究者はもちろん当事者もすっかり忘れているものである。

西浦田楽（静岡県磐田《いわた》郡（現・浜松《はままつ》市　天龍《てんりゅう》区）水窪《みさくぼ》町西浦《にしうれ》観音堂）では斎燈（柴燈）はタイ（松明《たいまつ》）といって、北タイ（柱松明《はしらまつ》）と南タイ（積松明）と二本焚かれる。北タイは観音堂をきよめ、南タイは舞庭（観音堂の前庭）を清めるものと解することができる。薪（榾《ほだ》）はタヨガミという童子の稚児が積むことになっているが、もちろん形だけで、大人が手伝って積む。これは大人には穢《けが》れがあるからで、斎燈のような聖火は稚児でなければ触れられない。タヨガミはタイオガミ（松明拝み）の意とおもわれ、北タイと南タイに一人ずつタヨガミが一晩中、番をする。

北タイと南タイの点火は、南タイが夕方に本堂別当によって点火されて舞庭を照らし、北タイは夜中に壮厳な儀式で点火される。これは芸能化されているけれども、別当をはじめ能衆（田楽衆）全員が正装で観音堂の外陣に出仕し、上組能頭《かみぐみのうがしら》（田楽衆の頭）によって点火される。これを「お船渡し」というのは、観音堂と北タイ（柱松明）とのあいだに張り渡した綱に小船を付け、小船に人形の観音と船頭（恵比須ともいう）を乗せ、舳先《へさき》に小さな松明をしばりつけて、柱松明の頂上まで車綱を引き渡して点火するからである。これは観音の「弘誓《ぐぜい》の舟」を趣向にした巧妙な作り物であるから、熊野のような修験道文化中心から伝来したものであろう。しかし『宇治拾遺物語』の書かれた時代にこれがあったかどうかはわからない。

この「お船渡し」の趣向が伝来だろうとおもわれるのは、長野県下伊那郡旦開《あさげ》村（現・阿南《あなん》町）新野《にいの》の有名な雪祭（延年の田楽）にも、これに似た斎燈の点火法があるからである。ここでも宵から舞庭に焚かれる斎燈はあるが、夜中に柱松明《はしらまつ》の斎燈に点火されるのは、呼物の大きな儀式である。

まず杉柱の芯《しん》に松や杉の枯枝を巻き、竹で形をととのえた柱松明を、宵のうちに庭の隅に立てるのが「松明起《まつおこ》し」で、消防出初式の梯子《はしご》乗りのように数十本の竹竿《たけざお》で支えて立てる。修験行事としても柱松明起しは重要な儀式である。これに奉仕するのは天狗役と競馬役《きょうまやく》（験競役《げんくらべやく》か）という重要な役で、長老の上手衆《わでしゅ》は松明に塩をふって清めてまわる。

そして夜半過ぎの二時ごろに庁屋《ちょうや》（帳屋）と柱松明のあいだに張り渡した車綱に小船の作り物をのせ、一方の綱を引くことによって船を柱松明の頂上に送り渡す。船の中には二体の人形と稲穂が入っており、帆柱に御幣のような紙の帆をつけ、小松明を舳先に結んでおいて点火する。これに奉仕するのも競馬役であるが、点火と同時に田楽衆が庁屋から飛び出してきて、「らんじょう〳〵」と叫びながら庁屋の板戸や板壁を叩く。庁屋は今は直会《なおらい》をする建物になったけれども、修験時代には長床とおなじく延年の酒盛りと芸能のおこなわれる場所であった。「らんじょう」は乱声と書き、修《しゅ》正会《しょうえ》、修二会《しゅにえ》のおこない（祈禱）には付き物で、目に見えぬ悪霊を追いはらう原始呪術である。すなわち、柱松明の斎燈と乱声と両方で、村や社や寺に災をもたらす悪霊を追い出すことを意味している。

このように『宇治拾遺物語』の原話の「火をてんのめのごとくにともして」の一文は、山伏の延年の重要な部分を表現していたのであるが、従来、一般には気付かれていなかった。そのためにこの原話が昔話化するときには、たいてい焚火のことは忘れられ、夜中の山奥の闇の中で鬼の踊るのがどうして見えたのだろう、という素朴な疑問すらも出なかったのである。しかし中には「ええ火を焚いてなあ」という語り口を記録したり、登場の動物に貂《てん》を入れたりしたものもあった。『奥備中の昔話』にこの一語が記録されたのは、やはり戦後の昔話採訪にテープレコーダーが使われたためだろうとおもう。それまでは話者が焚火を語っても、採訪者に先入観があって、記録しなかったかもしれない。それでも『完形昔話』などといったのだからおかしな話である。

十一　延年の舞と郷土芸能

「瘤取り鬼」の昔話は、最近採集の昔話集には目立ってすくなくなった。採集者が水を向けないせいか、話者に興味がなくなったせいかは分らないが、私の子供のころは、昔話といえば「瘤取り爺さん」がかならず出た。昔話にも時代による好みや、流行や盛衰があるのかもしれない。しかし私の好みからいえば、森の奥の静寂をやぶって太鼓や笛の音がひびき、囃子の合の手を入れながら踊りの足拍子が床を踏みならす情景などは、想像するだけでもたのしい。私が毎年の正月に三河の花祭を訪れたのは、奥山家の夜の花宿にちかづくにつれて、この楽拍子と囃子の足拍子がひびいてくる情調に魅せられたからであった。このような踊りの味を知らないちかごろの都会育ちには、「瘤取り鬼」は魅力がないのであろう。

昔話は中世もしくは近世でも田舎の生活の中でかたられ、田舎の人々の共感を得てかたり継がれたのである。坊っちゃん嬢ちゃんの幼稚園や保育園でかたられるために生まれたものではない。したがって、これを生み育てた社会が衰弱すれば衰弱し、消滅すれば消滅するであろう。あとは、庶民の過去の社会や生活を知ろうとする学者の分析にまかせられる運命にある。

しかし私などは田舎の庶民生活を知っているし、山伏の延年である三河花祭の過去を知っている。郷土芸能といわれるものには山伏の延年がきわめて多いのであるが、それも日本青年館《にほんせいねんかん》の舞台や国立劇場で見たのでは、「瘤取り鬼」の背景と味わいはわからない。したがって都会育ちの研究者は、昔話の情緒的なものは捨象して、構造主義とやらで骨組だけを知的に処理しようとする。そうすると空虚な客観性だけはのこるが、庶民の伝承文学の情緒性は消えてしまうのである。

「瘤取り鬼」が平安時代の『宇治拾遺物語』の説話を原話とすることはまちがいないし、また、『宇治拾遺物語』の説話が山伏の延年を背景にしたことはたしかである。しかし、延年の実際を知らない人には私の説を納得してもらえないとおもうので、簡単に説明して、「瘤取り鬼」がどのように変化したかを理解してもらおうとおもう。

そこで現存する延年の実例として三河花祭をあげることとするが、これには延年と書いた文献も伝承もないので、延年とおもっていない人が多い。

もちろん高野辰之《たかのたつゆき》氏は『日本歌謡史』(大正十五年)で、また能瀬朝次氏は『能楽源流考』(昭和十三年)で延年にふれたが、それは記録文献上の延年だけであった。これに対して本田安次氏は『延年』の中で現存の延年(毛越寺、中尊寺《ちゅうそんじ》、小豆沢大日堂《あずきざわだいにちどう》、羽黒山、日光山、美濃長滝寺、黒川能《くろかわ》、新野雪祭、隠岐国分寺等)を記録したけれども、この中に三河花祭は入っていない。これはむしろ神楽とされている。しかも、この神楽は伊勢《いせ》の湯立《ゆだて》神楽で、山伏神楽とは何の関係もないとする。

そうすると、鬼の面をつけて山伏風の裁付袴《たつつけばかま》に草鞋脚絆《わらじきゃはん》をはき、山伏独特の三角襷《たすき》をかけて舞うのはなぜか、と問い返したくなる。また花祭のレパートリーの中には、猿楽的な滑稽茶番舞も入っていて、いわゆる延年の風流《ふりゅう》にあたることもわかる。あるいは「花の舞」といって稚児舞楽（天冠《てんかん》をつける）の風流があるし、伎楽の名残りの獅子《しし》舞《まい》もある。そしてまた田楽といわれる郷土芸能で、花祭と共通の舞や曲目をもつものがきわめて多いのである。すなわち花祭は伎楽、舞楽、神楽、田楽、散楽、猿楽の総合芸能で、いわば「芸尽し」であった時代があったであろう。このことはまた、

三河花祭の鬼と鉞

延年が宴会の席で「芸尽し」をして興じた総合芸能であったことをしめしている。

この問題について私は「長瀧六日祭延年と修験道」（講座『日本の民俗宗教』第六巻「宗教民俗芸能篇」所収・昭和五十四年）ですでに論じたし、拙稿「山伏の文化」（雑誌『武道』昭和五十四年十月から五十六年十一月まで連載）で、花祭の構成が山伏の延年であり、その中心は山伏神楽であることを解説した。しかし、一般の常識では能の「安宅《あたか》」の弁慶《べんけい》の延年の舞ぐらいにしか理解されていないので、「瘤取り鬼」のイメージにつながってこないだろうとおもう。そうはいっても、日本芸能史の中心課題であり、現存民俗芸能の母胎である延年が簡単に説明できるものではない。何よりもよいのは、一度でいいから奥三河の山村へ入って、花祭を見てもらうのが近道で、そうすれば「瘤取り鬼」の背景を身をもって体験できるだろうとおもう。そして、多くの昔話がこのような世界で生まれて、日本人の共有の財産になった次第もわかるであろう。

十二　延年の酒盛りと折敷の舞

延年は従来は芸能だけとおもわれてきたが、これは神事の直会《なおらい》とおなじで、仏教法会や儀礼のあとで、酒をのみ御馳走を食べることが中心である。その余興として歌舞がおこなわれたのであって、ここに「芸尽し」があった。すなわちこの総合芸能が延年舞であるから、酒盛りをふくむ延年は「延年舞式」といった方がよいであろう。興《こう》福寺《ふくじ》所伝延年が「興福寺延年舞式」（『日本歌謡集成』巻五）とよばれるのはこの意味だったかもしれないが、酒盛りについては何も出ていない。しかし美濃長滝寺《ちょうりゅうじ》白山神社（岐阜県白鳥町）の六日祭《むいかまつり》は江戸初期の記録で「修正《しゅしょう》延年祭礼」とよばれている。そして六日祭は現在も酒盛り（酌取）の作法がきびしい。私の見るところでは、この酒盛りの作法のととのっているのは長滝の六日祭（白山修験の修正会の延年）が一番で、これに次ぐのは静岡県大井川《おおいがわ》町藤守《ふじもり》（現・焼津《やいづ》市藤守）の田遊《たあそび》である。

しかし藤守田遊ではこの酒盛りを誤解して、酒盛りの前に鳥居の外に向かって弓を射る。私は何のことかとおもって聞いてみると、「内的《うちまと》」「外的《そとまと》」といって弓を射る行事があるのだという。私が江戸時代の記録を見せてもらうと、これは「内酌《うちしゃく》」「外《そと》酌《しゃく》」の草書が内的外的に見えることがわかった。内酌は上級神職（昔は上級僧侶山伏）が本殿内で酒盛りをし、外酌は下級神人（昔は下級山伏）が庭で酒盛りをすることであった。しかし私が誤読を指摘したにもかかわらず、「外的」を射ることは現在も変っていないらしいが、この頑固なまでの伝承性がこのように行事を伝え支えてきたのである。またそれほど有名でなくとも、高野山の奥の山村、花園《はなぞの》村の「シュウシ」には、村の大日堂での正月の酒盛りの座順と盃の順序はきびしかった。この日、大日堂で大般若経転読をするのが「修正会」で、その延年がシュウシ（酒仕）と理解されていたが、これはきわめて厳粛なものであった。花園村は高野山に花（樒《しきみ》）を納める花衆《げしゅ》、すなわち行人山伏の村であることが最近わかってきているから、山伏の延年作法が残ったものとおもわれる。

ともあれ『宇治拾遺物語』に、

酒参らせ、あそぶありさま、この世の人のする定《ぢやう》なり。たび〱かはらけ《（土器）》はじまりて（下略）

とあるのは、延年の酒盛りと歌舞のことであった。そして「瘤取り鬼」の昔話には「鬼が酒盛りをはじめ、踊り出した」とある一条はかならず入っていて、ほとんど例外がない。そうするとこの昔話の鬼というのは山伏や行人のことであるが、これは山伏が山中生活民の山人であったことから来る印象であるとともに、延年において鬼の仮面をつけて舞うことからも来る印象であろう。山伏はまた、延年に天狗面（伎楽の治道《ちどう》面と迦楼羅《かるら》面）をつけると、天狗と同一視される。そして山伏と鬼・天狗との同一性は、鬼・天狗が山の神の化身とされるので、山伏に山神が憑依《ひょうい》する宗教現象が根底にある。

三河花祭には酒盛りの儀式は脱落しているが、舞庭（舞所《まいと》）に隣接して「饌所《せんじ》」をもうけて、来る人ごとに酒をすすめる。これが延年の「酌取」にあたるとおもわれるが、今は応分の寄付をして食券をもらうことになったようである。

六日祭延年の菓子讃め（岐阜県白鳥町）

ところで延年には「開口《かいこう》」というものがあって、その山や寺や社や開祖を讃《ほ》め寿《ことほ》ぐ口上を、朗詠調でのべる。これが何のことやらわからなくなって、美濃長滝六日祭などは「かいこ」と書いて行事次第の最後につけているが、当弁《とうべん》（当屋になった山伏）という役が「菓子讃め」を最初にのべるのは開口の一部にあたる。この菓子は菓子台の上にかざった果実（栗、干柿等）と五穀であるが、これが酒盛りの肴《さかな》であった。この開口の讃め歌の口上が『宇治拾遺物語』の、

末より若き鬼一人立て、折敷《をしき》をかざして、何といふにか、くどきくぜゝることをいひて、横座の鬼の前にねり出て、くどくめり。

六日祭延年の菓子台と酌取

とあるのにあたり、「くどきくぜゝる」は意味不詳とされている。しかしこれは同じことを何度もくりかえし唱えることとおもわれ、「口説」を「くどく」とも「くぜつ」ともよんで「くどきくぜせる」と重ねたものではないかとおもう。

ところがこの若き鬼は、酒なり肴なりを横座（最上席）の鬼に勧めるために、折敷（盆）を持って出たのであるが、この鬼は持ったる折敷をかざして即興の舞をしたのである。これはおそらく稚児の役だったろうとおもわれるので、三河花祭では稚児舞の「花の舞」に、お盆を採物にして舞う「盆の手」があるのは、これにあたる。「花の舞」は今は小学校一年生ぐらいの幼童の役で、天冠に舞楽装束で愛らしい。そして「扇の手」と「盆の手」と「湯桶《ゆとう》の手」と三曲を舞う。この三つの採物はどれも山伏延年の稚児のお給仕の持物だから、これを即興舞にしたことはあきらかである。このようなことは古代中世の文献記録にはのこらないで、山村の延年や山伏神楽の行為伝承の中にのこったのは面白い。

ちなみに湯桶《ゆとう》というのは、檜曲物の小さな桶に輪型の柄と呑口《のみくち》をつけたもので、主として酒を注《つ》ぐ道具である。いま高野山の重要な儀式（法印転衣式《ほういんてんね》など）には、延年にあたる儀礼的酒盛りが金剛峰寺大広間でおこなわれるが、上席から「湯桶まわせ」の掛声がかかると、酌取が酒を注いでまわる。「湯桶引け」の掛声で酌取は退出する。ところがその湯桶なるものはアルマイトの薬缶《やかん》なので、まったく形式化したことがわかる。昔は、湯桶を持って出た稚児に上席者から、「その湯桶を持って一指《ひとさし》舞ってみよ」と声がかかったのだとおもうが、アルマイトの薬缶ではさまにならないであろう。

十三　「瘤取り」の験力と神話

『宇治拾遺物語』は延年についての印象をつたえているが、爺さんが鬼の舞や楽の拍子と囃子につられて、横座の鬼の前に踊り出たとき、

腰によきといふ木きる物さして、横座の鬼のゐたる前にをどり出たり。

とある「よき」は斧《おの》のことで、鬼も斧または鉞《まさかり》を持って踊っていたのだとおもう。今も三河花祭の鬼はすべて大きな鉞を採物として舞うので、この一条は偶然に書かれたものでないけれども、昔話の方ではまったく脱落してしまっている。しかし注意深い採集では今後出てくるかもしれない。おそらく爺さんも鬼と一緒に斧を持って踊ったのであろう。そして、鬼が斧や鉞を持つということは、山人のシンボルであるとともに、山伏の入峰には、斧で密林を啓開しながら進まなければならなかった。そのために今も儀礼的入峰には斧が先頭に立つし、前鬼像の斧もこれをしめしている。

最後に、この昔話の「瘤取り」と延年の関係はどこにあるのであろうか。私は延年は酒盛宴会と歌舞音楽から成るといったが、もう一つの要素がある。それは「験競《げんくらべ》」である。これは延年の中に入っている場合と、独立している場合とがあって、『宇治拾遺物語』の成立するころは験競が儀礼化して、延年と一連のものになっていたともわれる。普通、験競というのは春夏秋冬の入峰修行が終って出峰したとき、修行の成果として得られた験力を競うものであった。そして入峰の慰労の意味の延年もおこなわれたので、一連の行事となりやすかったものとおもう。

たとえばいま吉野山にある七月七日の「蛙飛び」という行事は、吉野修験の夏峰入にともなう出峰蓮華会の延年であって、蛙の縫ぐるみを着た者が蔵王堂《ざおうどう》の仏前で、懺悔礼拝して人間に生まれかわる演出をする。これは、傲慢《ごうまん》な山伏か役行者《えんのぎょうじゃ》を罵《ののし》って、蛙に変身させられたのを、人間に戻すという縁起に基づいている。しかし『滑稽雑談』(六月の上)によると、もとは山伏が蛙を祈り殺し、祈り生かす験力をためす験競であった。

当山の蓮華会也。(中略)当山の僧徒蔵王前にて行法あり。其刻、下づかひの者に蛙の形を作らせ、堂後に入、(中略)行法終りてかの僧四人、檀《ママ》のあたりを檜扇にて招き、蛙をまねくに、後堂より飛で四口の僧の膝下をめぐり飛ぶ。是を強く祈り責るに、次第に責られて堂内を逃ありくを、難なく祈り殺す。其後戸板にのせ舁て堂外に出し、湯水をかけて蘇生すると也。

また羽黒修験は、大晦日の松撃《まつうち》行事(今は松例祭《しょうれいさい》という)に、兎を祈り殺し祈り生かす験競をするが、この日は松聖《まつひじり》の冬峰入(百日参籠)から出峰する日である。松明を曳《ひ》く競争をしたり、松明に鑽火《きりび》をつける遅速を競争したりするのも験競であり、とくに「験競」と名づけるのは、兎の装束をつけた童子を気合をかけて倒れさせ、また気合をかけて起こすことである。もちろん今は兎になる者と山伏の間の約束で演出されるけれども、これが出峰の延年(今はお祭)の一部としておこなわれてきた。鞍馬竹伐《たけきり》という行事も鞍馬修験の夏峰入出峰延年(蓮華会)にともなう験競で、『日次紀事』(六月)には、

又入リレ夜ニ、寺僧各聚リ二毘沙門堂ニ一其ノ内ニ置キ二僧達中間(下級山伏)一人ヲ一、各凝ラシ二肝胆ヲ一而祈ルレ之ヲ。一人

忽《チ》倒《レ》仆《シ》　少焉《シバラクシテ》　蘇生《ス》

とあるような祈り殺し祈り生かしであった。

そうすると、験競の験力というものは、究極するところ活殺自在ということになるが、こうした力があれば病気を治すことも瘤を取ることも自在である、と信じられたはずである。したがって延年にともなう験競の場には、入峰で得たばかりのあらたかな験力で病気を治してもらおうとする人々が集まったものとおもわれる。その中には大きな瘤や肉腫をもった老人もいて、山伏が印を結び呪文をとなえて気合をかければ跡方もなく取れた、というような話があって、『宇治拾遺物語』の説話となったのであろう。すなわち、延年にともなう験競には、そのような奇蹟《きせき》が期待され、また奇蹟があった話が流布していたことはたしかである。

ところで私はしばしば昔話の元に寺社縁起や唱導説話があり、その根元には神話があるとのべてきた。そうすると、瘤が山伏の験力で取れた話には、神話の「うけひ殺しうけひ生かし」の活殺自在の「うけひ」の呪力が元になっていると言うことができる。これは記紀にしばしば出てくるが、例えば『古事記』(垂仁《すいにん》天皇条)には、

> かれ曙立《あけたつ》王に科《おほ》せて、うけひ白《まを》さしむらく、この大神を拝むによりて、誠験《まことしるし》あらば、この鷺巣《さぎす》池の樹に住める鷺や、うけひ落ちよ。かく詔りたまふ時に、うけひしその鷺地に堕ちて死にき。又うけひ活きよと詔りたまへば、更に活きぬ。また

甜白檮《あまかし》の前《さき》なる葉広熊白檮《はびろくまかし》をうけひ枯らし、またうけひ生かしき。

とあって、曙立王の「うけひ」の験力が試みられた。このような神話が山伏の験力に反映し、これが延年にともなう験競の場で、瘤を取ったり付けたりするという説話になったのである。しかし山伏では面白くないので、鬼の話にしたばかりでなく、瘤を取られたのは良い爺さん、瘤を付けられたのは悪い爺さんとしたのであろう。したがって「隣の爺型」というものは話を面白くするための趣向であって、昔話の本筋とは関係がなかったのである。

「桃太郎」の鬼ケ島渡り

一　「ニラの国」へ行った桃太郎

私が霊物怪異談に分類する昔話は、鬼にかぎらず、山姥《やまんば》、山神、天狗《てんぐ》、河童《かっぱ》、龍蛇から幽霊、化物までをふくみ、これを日本民族の原始的神観念や霊魂観が口誦《こうしょう》伝承に残存したものと見るのである。これが仏教説話ならば、護法とか金剛童子、天童、天女などともなり、種々の化身動物として表現されることもある。

このように見ると霊物はかなり多くの昔話の型をカバーすることになるが、昔話となると現実の人間や動物の方に興味がうつってゆくので、霊物は脇役の地位に転落したものもすくなくない。たとえば「桃太郎」などは鬼ケ島の鬼が主役で、そこに人間がいかにして渡るか、そこで鬼の試練に耐えて、いかにして宝物と妻を連れかえるかという物語だったであろう。柳田国男翁も『桃太郎の誕生』で、異常誕生児が冒険をして、宝物だけでなく妻を連れかえるのは世界の昔話に共通だ、ということを強調し、日本の「桃太郎」は児童にかたってきかすために、妻覓《つまま》ぎが脱落したのだろうといった。それは尤《もっと》もかもしれないが、「桃太郎」の昔話に鬼の方を忘れてもらっては困るのである。

昔話は人の好みによって、いかようにでも解釈できる。それは、話型が短いので、ファクター（話素）が単純だからである。「桃太郎」ならば桃（股）を中心におくこともできるし、異常誕生をメインテーマとすることもできる。また異常誕生児の武勇遍歴をテーマとして、世界の昔話との共通性をさぐることもできるが、猿・雉《きじ》・犬を中心にした智仁勇《ちじんゆう》をテーマにした昔話だ、といわれた時代もある。しかし、「桃太郎」を鬼と鬼ヶ島渡りを中心にした解釈は、いままでまったくなかったといってよい。これは、宗教民俗学の視点がなかったために、鬼と鬼ヶ島に重点をおくことがなかったのである。

変った「桃太郎」としては、柳田国男翁が『日本昔話名彙』の「桃太郎」の例話にあげた『紫波郡昔話集』がある。この「桃太郎」では、鬼ケ島でなくて、地獄へ行ってお姫様を連れてかえり、殿様から莫大《ばくだい》なお金をもらって長者になったとある。この「桃太郎」は「日本昔話記録」の『紫波郡昔話集』（三省堂刊）にはないが、『昔話研究』（第一巻十一号「昔話採集標目」）の「桃の子太郎」には同話がのっている。地獄へ行った桃太郎は、佐々木喜善《ささききぜん》氏の『紫波郡昔話』（旧）の方にはのっていたにもかかわらず、小笠原謙吉《おがさわらけんきち》氏の採訪による改訂版『紫波郡昔話集』（新）では、もう聞けなくなったとみえ、またはこれは何かの間違いとでもおもったらしく、捨ててしまい、普通の「桃太郎」におき代えている。このことは、もとの「桃太郎」はもっと鬼に重点があり、ヴァラエティにも富んでいたのが、急速に厳谷小波や明治の国定教科書風の「桃太郎」に統一されていったことをおもわせる。

また地獄へ行った桃太郎に似た昔話は南の方の沖永良部島にもあって、『沖永良部島昔話』（岩倉市郎氏）では桃太郎は「ニラの島」へ行ったとある。

桃太郎は或る日ニラの島（龍宮《りゆうぐう》に相当する）へ行つた。行つたら或る家に一人の爺さんが泣いてゐて、島の人は皆鬼に喰はれて自分一人残つたといふ。爺さんの側に一つの羽釜があつて、その蓋の裏に鬼の島へ行く道筋が書いてある。桃太郎はそれを見て、鬼の島へ行く事になつた。

遠い〳〵或る野原の真中に真石《ママ》があり、その石を取退けると下に通ずる穴があつて、一本の太縄がぶら下つてゐる。その縄に掴まつて下りると鬼の島である。桃太郎は鬼の島へ下りて、鬼を皆殺しにした。たゞ一人の老人鬼丈《だけ》命を助け、その代り鬼の宝物をすつかり出させ、それを持帰つて二親に孝行したといふ。

とあり、ニラの島と鬼の島を別物のように語っているが、これはニラの島の野原の穴から地下に入った世界で、ニラの島の地獄なのである。ニラの島はいうまでもなく琉《りゆう》球の「おもろ草紙」のニライカナイ、あるいはミルヤカナヤから、久米島のヂルヤカナヤ、奄美大島《あまみおおしま》ではナルコ神テルコ神などと転化していった海洋他界に相違ない。袋中《たいちゅう》の『琉球神道記』には儀来河内《ぎらいかない》などと書かれたが、南西諸島も沖縄本島から北にはニルヤが多く、南にはニラヤが普及している、と柳田国男翁は『海上の道』にのべている。沖永良部島は北の方なのに「ニラ」であるのは、この原則にあてはまらないけれども、この島が鬼の世界で、あるときは恐るべき地獄であり、あるときは宝の島であって、ここへ行って帰った者のあることを説く神話、または説話がもとあったのであろう。

「桃太郎」の昔話のメインテーマはむしろこの鬼ヶ島への去来であって、この世界へ行って帰ることのできる者は、異常誕生による呪力を持った者でなければならないし、鎮魂の呪物である団子を必要とする。ところが桃太郎を英雄として武勇談を構成する段階では、動物の援助をうけて、犬・猿・雉のお供をともなうことになるが、これも呪力ある神の化身動物の援助をうけた話が先行したらしい。たとえば阿波名西郡の「白い鳥」(『昔話研究』第一巻三号)には、鬼に食べられる危難を、白い鳥にたすけられる話がある。『日本昔話名彙』はこの昔話を『喜界島昔話集』(第三十一話)の「二人兄弟(一)」という昔話と一緒にして、「鬼界ヶ島脱出」と名付けた類型を立てているが、この二話ともに鬼は出ても、鬼ヶ島は一か所も出てこない。まことに杜撰《ずさん》というほかはない。しかも「桃太郎」という類型にも鬼ヶ島は一つも出ないのである。

これに対して関敬吾氏の『日本昔話集成』の「桃の子太郎」は、例話と類話三十一話のほとんどすべてが鬼ヶ島をもっており、「以下一般と同一」「鬼ヶ島へ行くこと一般と同一」とあるのも鬼ヶ島征伐を指すらしい。「鬼むかし」に属する「牛方山姥」も「鬼の子小綱」も、「天道さん金の鎖」も「瘤取り鬼」も、鬼の住むところは山の中である。ところがこの「桃太郎」は海の彼方《かなた》の鬼ヶ島であることは、大きな特色といわなければならない。したがって、『日本昔話名彙』のように、これを全く無視するわけにはゆかないのである。

最近私は日本列島には山岳宗教に先行して、海洋宗教が存在したことを主張しており、これに対応する海洋他界観念がいろいろの宗教現象に残存していることを指摘している。そうすると、口誦伝承の中に鬼ヶ島が出てくることは、やはり海洋他界の残存として取扱わなければならないことになる。この海洋他界と海岸の聖地(辺路《へじ》)の間を去来する神として「王子」というものがあるのも、桃太郎の原像であるかもしれない。この王子はまた海神として遇せられて、恵比須《えびす》とよばれることもある。これをただ世界共通の「小さ子」とするのでなく、琉球伝承のシネリキュ・アマミキュ、あるいはオウチキュなどとの関連をかんがえることが必要ではないかとおもう。

二　地獄へ行った桃太郎

『沖永良部島昔話』の「ニラの島」が鬼ケ島であるということは、鬼ケ島をかんがえる上で貴重な事例である。柳田国男翁も昔話の「桃太郎」をとりあげたら、『海上の道』はもっとわかりやすく説けたかもしれない。ところが「ニラの島」の地下世界が鬼ケ島であるといったのは、海洋他界のニライカナイは、宝の島という楽土と、地下他界の地獄が、同居しているという観念を的確にあらわしている。他界は死者の霊魂の行く冥界として、設定された観念世界なので、最初は高天原《たかまのはら》も黄泉《よみ》も根の国も、常世《とこよ》も龍宮も、地獄も極楽も未分化の世界であったとおもう。これが、霊魂観、他界観の発展とともに、楽土と地獄に分化したのであって、仏教唱導の影響によって黄泉を地獄とよんだのであろう。

そこで、桃太郎が鬼退治（といっても鬼をだます）する場所を地獄とする昔話を見てみよう。これは『日本昔話名彙』「桃太郎」の例話と、『昔話研究』（第一巻三号）の「桃の子太郎」とはほぼおなじである。発端は母親の拾った桃を寝床におくと、自然に割れて生まれたのが桃の子太郎で、父母の留守番しているときに、柿の木で啼《な》いた鴉《からす》が、地獄の鬼からの手紙を持ってくる。

手紙には、鬼が日本一の黍団子《きびだんご》を持つて来てくれと書いてある。桃の子太郎は父母に頼み、黍団子を拵へて貰ひ、地獄に行く。門を叩くと鬼どもが出て来て、黍団子一つ御尤もといふ。一つづつやると、鬼はそれを食ひ、酔つて寝る。その間に桃の子太郎は地獄のお姫さまを車に乗せて逃げる。鬼が目を醒して火車に乗つて追ひかけるが、もう海に行つてゐるので、火車では叶はない。桃の子太郎はお姫さまをつれ帰る。この事がお上に聞え、金を貰ひ、長者になつて楽々栄える。

(陸中紫波郡)

とある。

これもかなり変形しているが、犬・猿・雉のお伴が出ないのは、かえって古い形といえよう。黍団子というのは、死者の霊供に三つもしくは六つの粢《しとぎ》団子をつかうので、霊鬼の好物とされ、わざわざ地獄からの注文があったと語られたものである。この場合の鬼は仏教に説くような地獄の獄卒の牛頭《ごず》鬼、馬頭《めず》鬼ではなくて、祖霊としての霊鬼であろう。したがって桃太郎の鬼はどこにも残忍な話はなくて、簡単に征伐されて、待ってましたとばかり宝物を渡してしまうのである。これは祖霊が勇気ある子孫へ恩《おん》寵《ちょう》を与えることをしめしたもので、海洋他界の常世なりニライカナイなりが「ミロクの世」に転化すれば、世直しの宝物を宝船にのせてもたらすのと同じことである。

次に、地獄でお姫さまに出会って連れて逃げるのは、『古事記』(神代)の、大国主命（大穴牟遅神《おおなむぢ》）の根の国訪問と、須勢理毘売《すせりひめ》獲得の神話をふまえていることはうたがいない。この根の国は「須佐能男《すさのお》命の坐《いま》します根の堅洲国《かたすくに》」であって、地下他界であるとともに「根」（先祖、祖霊）の国であるという点で、常世または海洋他界をさしている。これを「根の国妣《はは》の国」あるいは「妣の国根の堅洲国」とよぶのは、海の支配者である須佐能男命の坐す国としては、海であるとともに地下であるという未分化の他界を指すものである。そうすると沖永良部島の「ニラの島」とまったく同じになってしまう。したがってそこに住む鬼の原像は須佐能男命で、ここを訪れる桃の子太郎は大国主命にあたる。この大国主命は数々の試練に会った末、宝物と妻須勢理毘売を手に入れて、根の国から脱出する。これは桃太郎が鬼ケ島の宝物を得たり、妻を得て帰って来る昔話の原話とすることができる。

この試練は「鬼の子小綱」にも見られ、『喜界島昔話集』（五十七話）の「鬼の子」では、試練の末、死鞭《しにむち》を手に入れ、同じ「二人兄弟㈠」では生鞭《いきむち》を得る。これは大国主命が鬼（素戔嗚命）の生大刀《いくたち》・生弓矢《いく》を得たことをふまえており、活殺自在の鬼の呪宝である。しかし桃の子太郎は試練に会わずに鬼のお姫さまを手に入れるのは、試練が脱落したのである。これは子供を相手にしたお伽噺《とぎばなし》化したためであろう。そしてお姫さまを車に乗せて逃げるところは、「鬼の子小綱」の五百里車や「梵天国」の二千里車にあたり、鬼が追いかける火車は千里車や三千里車にあたる。

ところがこの火車は海を渡れないとある。すなわち鬼は「火車に乗って追いかけるが、もう海に行っているので、火車では叶わない」というのは、この鬼の地獄が島であることを言外にあらわしている。私はこの地下の黄泉国が島であることを語る昔話の方が『古事記』の神話より古い形をのこしているのではないかとおもう。すなわち原神話は海洋他界の話であったものが『古事記』ではそこが曖昧《あいまい》になり黄泉比良坂などが入りこんだ。これに対して、沖永良部島の「ニラの島」の桃太郎や、紫波郡昔話の桃の子太郎は海洋他界の島や海をのこしたのである。またこの桃の子太郎が、鬼の追跡をまぬがれるところに、いろいろの試練があったのであろうが、昔話の方は、この試練の残酷さが脱落したのである。しかし試練からのがれるための、海を渡ることのできる車に、試練があったことを暗示している。そうするとこの「桃の子太郎」は鬼ヶ島を出さないけれども、鬼のいる島だから鬼ヶ島であることは自明として、語りのなかに出なかっただけのことである。これはちょうど、「ニラの島」の地下にある鬼の島は地獄なのに、地獄といわなかったとおなじ手法である。

三　祖霊の島から鬼ヶ島へ

海の彼方《かなた》に常世もしくは「根《ね》の国妣《はは》の国」があり、そこに祖霊がいるという信仰は、

宮古島狩俣の大洞窟から見た神島

いまではすでに「忘れられた宗教」となった。しかし神話なり昔話なり伝説に、断片的にその残影を垣間《かいま》見せるのである。その一つに龍宮や龍燈があり、蓬莱《ほうらい》島や補陀落《ふだらく》世界がある。また実際に鬼ヶ島と名付けられた島もあるが、陸からほのかに見える島は、つねに神秘感をただよわせていたにちがいない。たとえば高松の沖合の女木《めぎ》島は俗に鬼ヶ島とよばれ、島の高所に複雑にうがたれた大洞窟《どうくつ》がある。瀬戸内海《せとないかい》の海賊の巣窟だろうといわれて、宝倉などという側窟もあるが、古代の横穴墳が掘りすすめられて長大な横穴になったという説が有力である。このような島には霊鬼がおると信じられ、やがて祖霊の島となっても、鬼ヶ島とよばれる。

宮古島狩俣の海岸大洞窟

この女木島に似た島は琉球列島には多いが、私が昭和五十七年正月に宮古《みやこ》島《じま》に渡ったとき見た、狩俣《かりまた》の風葬洞窟（狩俣祖神御獄《うやがんうたき》）は、女木島や石見の静《しず》の窟《いわや》（大田市静間《しずま》）の大洞窟に似ており、まだ風葬人骨ものこっていた。私はこの洞窟へ偶然会った中学生の案内で、海を徒渉して行くことができた。普通ではとても行けないところであった。その沖合に見える大神島にも風葬洞窟があるということで、そこには大神祖神廟《うふがんうやがんびょう》があるという。やはり祖霊の島、すなわち鬼ヶ島であった。私は、海の彼方に祖霊の国である「根の国妣の国」、あるいは常世《とこよ》があるという海洋他界観念の成立は、むしろ水葬儀礼にその起源があるとおもう。水葬された被葬者の霊は、海の彼方にとどまって永遠に年をとらない、という常世の他界観念が成立したであろう。その他界の主が海神《わだつみ》であり龍神であるから、その宮居は龍宮となる。龍宮へ亀にみちびかれていった浦島太郎《うらしまたろう》は年をとらなかったはずで、『万葉集』（巻九）の「水江浦島子《みずのえのうらしまのこ》を詠める一首幷に短歌」では、そこは「常世《とこよ》」であり、「海若《わだつみ》の神の宮」であった。また『日本書紀』（雄略《ゆうりやく》天皇二十二年七月条）の場合は、

　蓬萊山《とこよのくに》に到りて、仙衆《ひじり》を歴観《めぐりみ》る。

とあって、蓬萊を「とこよ」と読ませる。そしておなじく『丹後風土記』も「蓬山」「仙都」「神仙之堺」と書いて、すべて「とこよ」と読む。これで古代の海洋他界は常世であったことがわかる。

　また琉球の海洋他界はニライカナイからニラヤ、ニルヤ、ミールクと訛《なま》ったが、これは「根《に》の国」または「根霊《にらい》の国」がもとであろう。ミールクは五島列島福江《ふくえ》島でミミラクとよばれたらしく、『万葉集』（巻十六・三八六九）では美禰良久《みみらく》と書かれ、今の三井楽《みいらく》町がこれにあたる。ここは都では平安時代から島とおもわれていて、「みみらくの島」として歌によまれた。すなわち祖霊の島だったのである。

『蜻蛉日記』（上巻・康保元年）には、母を亡くした道綱《みちつな》の母が、

　僧ども念仏のひまに物語するを聞けば、「この亡くなりぬる人の、あらは《（現）》に見ゆるところなむある。さて近くよれば消えうせぬなり。遠うては見ゆなり」「いづ

れの国とかや」「みみらくの島となむいふなる」など口々語るを聞くに、いと知らまほしう悲しうおぼえて、かくぞ言はるる。

ありとだに　よそにても見む　名にし負はば
　われに聞かせよ　みみらくの島

と言ふを、兄なる人聞きて、それも泣く泣く、

いづことか　音《おと》にのみ聞く　みみらくの
　島がくれにし　人をたづねむ

と書いたように、死者の霊のとどまる島がミミラクであった。

私はここでは古代水葬の問題にはふれないが、その徴証はけっしてすくなくない。しかし、原始葬法としての風葬の消滅とともに、水葬もおこなわれなくなると、そのために成立した海洋他界の観念も変質、もしくは消滅していった。その過程で中世には海洋他界の仏教化がおこり、常世を海神の国から龍神の都とするようになり、これを『妙法蓮華経』（巻五）「提婆達多品《だいばだったぼん》」の、

従《リ》二於大海《ノ》娑竭羅《しやから》龍宮一自然《ニ》涌出《シテ》住《ス》二虚空《ノ》中《ニ》一

などの文から、大海中の龍神の都を龍宮と称するようになったことは、お伽草子「浦島太郎」諸本の変遷から推定することができる。同時に、インドでは大海中に羅刹鬼《らせつき》国があって、人肉を食するということが『仏本行集経』（第四十九）や『有部毘奈《うぶびな》

耶《や》』（第四十七）、『大唐西域記』（第十二）等に出る。ことに『法華経』の「観世音普《かんぜおんふ》門品《もんぼん》」に、

入《リ》二於大海《ニ》一仮使《タトヒ》黒風吹《テ》二其船舫《ヲ》一飄二堕《セン》羅刹鬼国《ニ》一

とあるような大海中の鬼の島が、海洋他界の常世を鬼ケ島に変質させる大きな要因になった、と私はかんがえるのである。

四　「桃太郎」の主題と話因、話素

昔話「桃太郎」は五大昔話のひとつといわれるポピュラーな話であるにかかわらず、ヴァリエーションがすくない。したがってモチーフ（話因）やファクター（話素）を分けやすいのであるにもかかわらず、柳田国男翁でさえ『桃太郎の誕生』の中で、これを試みていない。関敬吾氏は『日本昔話集成』（本格昔話・誕生）の「桃の子太郎」の註《ちゅう》で、中国や雲南《うんなん》の類話と比較した中に、

この型の話は南方中国に広く分布し、文献的には西紀一世紀まで溯り得ることが指摘されてゐる。我が国の桃太郎は赤本の影響を可成り強く受け古い形を想像し得るものが少い。川上から桃が直接に流れて来るものと香箱に入つて来るものとがあり、かつ幾つかの例は猿蟹合戦、雁取爺と結合してゐるものがある。而も現

に雲南の土着民の間にあつては話の主人公に対して礼拝されるといふ。

と説明されるだけで、足元の日本の「桃太郎」の話因、話素の分析はなされていない。すでに知られているように、柳田翁の『桃太郎の誕生』は「桃太郎」を論じたものでなくて、昔話の成立一般を論じようとしたものである。そしてその中心テーマを、異常誕生譚《たん》においたので、このような表題にしたのだとおもう。その中で桃（桃太郎）と瓜《うり》（瓜子姫）、竹（かぐや姫）をあげたり、力太郎《ちからたろう》（あくと太郎）や、はなたれ小僧様をあげたりするが、結局は完形昔話の「誕生と奇瑞」のジャンルに分類する。

昔話はいくつかのテーマやモチーフの結合で成立するので、どれを主題にして分類するかはたしかにむずかしい。しかし「桃太郎」は、前半は異常誕生譚であるけれども、後半は鬼ケ島、すなわち他界への往来譚である。その他界である海の彼方の常世《とこよ》が「根の国妣《はは》の国」であったり、不老不死の宝の島と信じられた時代には、そこへ往来できる者は呪力《じゅりょく》をもたねばならず、それは異常誕生によって獲得されるとしたであろう。

すなわち、この昔話の主題は、誰が常世へ行って、祖霊の恩寵を受けて帰ったか、ということにあった。龍宮へ行って美女と不老不死の宝を得た「浦島太郎」のテーマとおなじである。この祖霊が鬼として表象されたために、常世は鬼ケ島になったのである。したがって、鬼ケ島へ渡った桃太郎も鬼を殺した、という話はほとんどなくて、この恐ろしい島に渡った桃太郎の勇気に感心して、鬼は宝物を差し出すことになっている。紙兜《かみかぶと》をかぶって玩具の刀で切りかかる元気な孫に、「降参、降参」といって飴《あめ》をやるお爺さんのような鬼である。

この鬼を残虐な殺し方で脚色したのは、むしろ明治二十八年に博文館から定価五銭で発行された、巌谷《いわや》小波《さざなみ》の『日本昔噺』第一編「桃太郎」であった。日清《にっしん》戦争の殺伐さがその背後にある。

したがって私は、「桃太郎」の異常誕生譚は鬼ヶ島渡りの前提と見て「他界往来談」に分類することにしたい。そしてそのテーマを、㈠異常誕生談、㈡武勇談、とし、この武勇談を、(A)鬼ヶ島渡り、(B)鬼退治、に分けて、モチーフを次のように分ける。

㈠異常誕生談

(1)爺と婆が山と川に働きに出る。

(2)川に桃が流れてきたので拾って帰る。

(3)桃から力持ちの男の子が生まれる。

㈡武勇談　(A)島渡り

(4)鬼ヶ島へ渡るために黍団子をもつ。

(5)犬、雉、猿を従者とする。

㈡武勇談　(B)鬼退治

⑹鬼ヶ島で、動物の援助で鬼を降参させる。
⑺鬼の宝物をもらって帰ってくる。

したがって、この昔話のファクターは、

①爺婆 ②山と川 ③桃 ④力持ちの男の子 ⑤黍団子 ⑥鬼 ⑦鬼ヶ島 ⑧犬、雉、猿 ⑨鬼の宝物

ということになる。このファクターには多少のヴァリエーションがあるけれども、比較的すくないのは、話型が単純だからであろう。瓜子姫の一部が入ったり、猿蟹合戦《さるかにがっせん》と結合したものがあっても、それは話者の記憶違いだったり、再創造家（作り話屋）だったためで、取り上げる必要はない。そこで、このファクターやモチーフは庶民の民俗や宗教にどのような意味をもつかをかんがえてみたい。

五　川上の異郷と桃の神秘性

昔話の中で爺婆が主役になったのは『竹取物語』などに例があるが、昔話を爺婆物語としたのは、すくなくも鎌倉末期から南北朝期のころであろう。『異制庭訓《ていきん》往来』には「祖父祖母《ぢぢばば》之物語、目比《にらめっこ》、頸引《くびひき》、膝挟《ひざすもう》、指引《ゆびひき》、腕推《うでずもう》、指抓《ゆびすもう》等」とならべられていて、民間の大人の娯楽であった。この爺婆は楽隠居ではなくて、山と川で労働するが、

この川は山と海をつなぐ役割をはたすものとして意味をもつ。桃太郎も山岳他界から来て海洋他界へ渡るのである。

桃にはいろいろの意味があるけれども、これが川の上流からドンブリコドンブリコと流れてきたというのは、上流の山中に異郷が存在することを暗示する。いわゆる隠れ里であり、桃源郷である。『今昔物語』（巻二十六第八話）にも、飛驒《ひだ》の山奥に滝をくぐり抜けて行ける異郷のあったことを記している。また、素戔嗚《すさのお》神話の「肥ノ河上《（簸川）》なる鳥髪《とりがみ》の地」というのも、ひとつの隠れ里である。この神話では、異郷と現世をつなぐものは、河上から流れてきた箸《はし》であった。「桃太郎」の桃も山中の異郷、他界から流れてきたもので、桃太郎は他界からの「まれびと」の意味があったものとおもう。それゆえに、また山岳他界へ帰ってゆくのが普通であるのに、昔話では海洋他界へ渡ってゆく。

このように、川上から流れてきたという桃は、他界往来談の発端にふさわしいファクターとして、変ることなく伝承されてきたのである。

その上に、桃そのものが神秘性をもった果物である。西王母《せいおうぼ》の桃は三千年の齢《よわい》をたもつというし、『古事記』には、伊弉諾《いざなぎ》尊を追いかけた黄泉醜女《よもつしこめ》という鬼は、桃の実で追いはらわれた。

猶追ひて黄泉比良坂《よもつひらさか》の坂本に到る時に、その坂本なる桃ノ子を三つとりて待ち撃ちたまひしかば、悉に逃げ返りき。

とあるのは、桃の呪力をみとめていたからで、この桃から生まれた子供ならば鬼を追う力があるだろう、とおもったとしても不思議はない。

しかし柳田国男翁の『桃太郎の誕生』は、一寸法師やトムサム式の小《ち》さ子《い》、または少彦名命《すくなびこなのみこと》のような小《ち》さ神《い》（小男神《おぐな》）の呪力ということが主題となっていた。

元は恐らく桃の中から、又は瓜の中から出るほどの小さな姫もしくは男の子、即ち人間の腹から生れなかつたといふことと、それが急速に成長して人になつたといふこと、私たちの名付けて「小さ子」物語と言はうとするものが、この昔話の骨子であつたかと思ふ。

としながら、「桃の実が割れて中から子が生れたといふことは、日本の桃太郎以外にはないらしい」といって、「桃太郎」の小さ子話を日本独自の異常誕生談であるとみとめている。しかし翁はここで、なぜ梨や柿や蜜柑《みかん》でなくて、桃でなければならないか、については考察していないのである。

ところが、採話された「桃太郎」の中には、爺婆が流れてきた桃を食べると急に若返って、男の子を生んだ、という生ぐさい話もすくなくない。これは埼玉県入間川《いるまがわ》の採話（『川越地方昔話集』）であるが、これが話者の単なる思い付きでなかったことは、香川県佐柳島《さなぎ》（『讃岐佐柳・志々島昔話集』）にもあり、また岩手県紫波郡でもかたられていたことで想像がつく。紫波郡の方は『昔話研究』(第一巻十一号)にあって、さきにものべた桃太郎が地獄へ行って、鬼の寝ている間に鬼のお姫様を連れて帰る話に発展する。したがって、佐々木喜善氏の『紫波郡昔話』(旧)に採られているが、小笠原謙吉氏の『紫波郡昔話集』(新)には脱落している部分である。

桃が一つ母の腰もとに転がって来る。母はそれを拾って家に帰る。綿に包んで寝床に置くと、桃が割れ子供が生れる。桃の子太郎と名づける。

とあり、これがまた越後や佐渡の「桃太郎」になると、桃の代りに香箱が流れてきたとある。たいていの報告はこれを真面目にとりあげているけれども、昔話の「お香の袋」が男根の隠語であるように、香箱は女陰の隠語である。『雑俳集』に、

香箱の紅粉仕舞ひよう母教へ

とあるのは、娘の初潮の始末を母が教えた狂句とされている。

そうすると「桃太郎」の桃は、次元の低い話で恐れ入るが、西王母の桃や『古事記』の桃ではないということになる。いわんや小子神《ちいさこ》の異常誕生どころか、あたりまえの通常誕生になってしまう。この考え方は高木敏雄《たかぎとしお》氏が『日本神話伝説の研究』の「桃太郎新論」にのべた。股《もも》から生まれた股太郎《ももたろう》とした説にも共通する。

しかしこれが「桃太郎」のオリジンかといえば、それは否定的で、やはり桃の神秘性や呪力が根底にあったものと、私は信じている。私は昔話を、起源、発展、衰退と

いうようにダイナミックにとらえたいので、やはり「桃太郎」の起源は神話的要素をのこす他界往来談で、その前提に異常誕生をおいたものとおもう。そうすると、常世に去った少彦名命のような小子神の話がもとで、その呪力の根元を桃の神秘性にもとめた神話的昔話とすることができよう。

ところが、発展的段階では、これから力太郎やこんび太郎、踵《あくと》太郎のような類話が派生し、爺婆の脛《すね》や踵《かかと》や股や垢《あか》から異常誕生した力持ちの子供が、山姥退治とか化物退治をする。しかしそれは力業《ちからわざ》修行のためで、鬼ヶ島のような他界往来は忘れられている。

このようにかんがえると、鬼ヶ島渡りする桃太郎が原話で、力太郎やこんび太郎、踵太郎をその変話《ヴァリエーション》または類話として整理できるであろうとおもう。そして「桃太郎」の衰退段階では、『異制庭訓往来』の「祖父祖母之物語」のような猥談《わいだん》として、爺婆の若返りや香箱などの股《もも》太郎談になる。しかしそのような変化と変遷にもかかわらず、異常誕生児の他界往来という本筋は変化せずに来たところが「桃太郎」昔話の本質である。

六　団子と霊供

次に、「桃太郎」は鬼ヶ島に渡るために黍団子を持ってゆく、というモチーフはどのような意味をもつであろうか。これは、さきにのべたように、鬼ヶ島を他界とすることによって、そこに住む鬼、すなわち祖霊を鎮魂する霊供として、団子というファクターの必然性が理解できるとおもう。柳田国男翁は、団子や餅は結婚の儀礼として必要だったのではなかったか、という（『桃太郎の誕生』の中「蛙の王子と蛇の王子」）。

餅を背中に負うて持つて行つて食はせたと言ひ、或は米を袋に携へて夜の床で共に嚙んだといふ事なども、恐らくは其婚姻の合式《ママ》確実のものであつたことを語るので、従うて桃太郎の黍団子乃至舌切雀の粥なども、今は童話化して全然別の目的に用立つて居るけれども、事によると是も亦曾てこの語りごとの中に、求婚成功の一節があつた痕跡であるのかも知れぬのである。

しかし、例の地獄へ行った桃の子太郎（『昔話研究』第一巻十一号）では、黍団子は鬼に食べさせるために、持ってゆくものであった。すなわち、鴉が地獄の鬼にたのまれてもってきた手紙には、日本一の黍団子を持ってきてくれと書いてあった。さきにも引いたように、「桃の子太郎は父母に頼み、黍団子を拵へて貰ひ、地獄に行く。門

霊供の四十九団子(足摺岬伊佐)

を叩くと鬼どもが出て来て、黍団子一つ御尤もといふ。一つづつやると、鬼はそれを食ひ、酔って寝る。」となっていて、荒魂の鬼も団子で鎮魂されておとなしくなるところは、私の説からいえば出来すぎているくらいである。この話の方が団子というファクターの必然性があり、単なる弁当ならば握飯やワッパ飯でもよかったし、動物の餌ならば豆やピーナッツやケーキでもよかったわけである。

　霊供は普通、シトギダンゴといったり四十九《しじゅうく》団子といったりする。これは道弁当ともいって、あの世すなわち他界への土産とかんがえられていた。これにすこしく宗教民俗学的説明を加えれば、魂に似せた形(丸くて白い)の食物に霊魂が留《とど》まって、遊離したり荒れすさんだり迷ったりしない、という鎮魂の信仰が起源であろう。しかしのちに、この霊供が地獄の鬼への賂《まいない》となった話は『日本霊異記』（中巻第二十五話）にも見え、これが現在では死者の食物のように解されている。それでも死者の霊を他界である霊山（高野山、室生《むろう》山《さん》、朝熊《あさま》山《やま》など）に送ってゆくときは、「餓鬼の弁当」といって苞《つと》に入れた団子をもってゆく。そして三途《さんず》の川とよばれるようなところで、餓鬼への施しとして投げてくる。このようにすれば餓鬼が鎮まると信じたのである。

したがって、鬼ケ島に海洋他界の観念がのこっていた段階では、この団子は鬼に与えるものとして必然性をもっていた。しかし、これを黍の団子としたことについては、いろいろの考え方ができよう。そのひとつは、霊の食物は原始的な食物がよろこばれるとしたことで、たとえば三河花祭の高嶺祭《たかねまつり》のような、山の精霊をまつる祭では、米作以前の椎《しい》や栗、榧《かや》、野老《ところ》などが供えられる。黍が類話の中で、蕎麦《そば》や粟《あわ》、大豆などの雑穀とともに出てくるのは、そのためであろう。

また一説には黍団子は吉備《きび》団子ともされていて、吉備王国の首都と自任し、お国自慢の好きな岡山では、駅頭に桃太郎の石像を立てている。誰がいい出したか、吉備の国をひらいた吉備津彦命《きびつひこのみこと》が桃太郎の原像だというのである。したがって吉備津神社の西には鬼城山《きのじょう》や高丸山《たかまる》の鬼退治の旧跡があり、神社の御竈《おかま》殿の竈《かまど》の下に鬼の首を埋めたといっている。その証拠には阿曾女《あそめ》の釜鳴り神事には鬼がうなるのだ、と説明している。海の彼方の鬼ヶ島を鬼城山としたところや、宝の主である大事な鬼を殺してしまったところが気になるが、桃太郎の携行する団子を黍団子とするには、なにか吉備国や吉備の団子屋さんが干与して、宣伝に利用したかもしれない。しかし岡山の南には鬼ヶ島とよばれる女木島《めぎ》があるので、こちらを利用する方が現実性があったであろう。

ともあれ、桃太郎の黍団子は団子がもとであり、なんらかの理由で黍団子になったのである。黍や稗《ひえ》の方が食物としては、米よりも力が付く、といわれる自然食だったことにもよるであろう。

その決定的理由はいま不明としておくほかはないが、もっと不明なのは、なぜこれを「日本一」にしたかということである。案外これは真面目にかんがえるのが馬鹿馬鹿しいくらい偶然のことで、「いよう！　日本一！」といったような掛声が、桃太郎の犬、雉、猿のいさましい一列縦隊行進にぴったりで、固定してしまったのかもしれない。あるいは吉備商人のコマーシャルが成功したのかともおもうが、ことによるとこの話の成立時代を暗示するファクターになるかもしれないのである。

七　鬼ヶ島渡りと地獄破り

昔話「桃太郎」のクライマックスは鬼ヶ島の鬼征伐で、異常誕生談はその前奏曲であり、副次的《サブ》テーマである。したがって「桃太郎」もしくは「桃の子太郎」を異常誕生談とした従来の分類は、その主題を誤ったものといわなければならない。絵本の「桃太郎」でも鬼ヶ島渡りの段は二ページ見開きになっていることが多く、犬と雉と猿をお供にして「日本一」と書いた旗差物を立て、前髪姿の少年桃太郎の颯爽《さっそう》とした姿が、もっとも印象的である。

ここでも「日本一の桃太郎」と語られるので、黍団子とあわせて桃太郎は日本一が大好きなのである。これはこの昔話の成立した時代を暗示しているかもしれないというのは、吉備の団子屋さんは、その時代の好尚を先取りして、日本一の黍団子を売り出した可能性がある。さて、その時代というのは安土桃山《あづちももやま》時代であって、そのころいろいろの職業に「天下一」の称号を濫発《らんぱつ》したのは、あの無邪気な英雄豊臣秀吉《とよとみひでよし》であった。刀工も釜師も鏡作り、鉦《かね》作りなども、「天下一」をこの時代から江戸時代を通じて、作品に彫りこんでいる。しかも、桃太郎の昔話を彫物にしたもっとも古い作例は、竹生島《ちくぶ》の都久夫須麻《つくぶすま》神社の欄間彫物といわれており、これは桃山時代の作品である。

そこで大胆な仮説を出せば、「桃太郎」はこの時代に現在のような形になった、と言えるかもしれない。

しかし私がこのようなことを言えば、かならず、「桃太郎」は秀吉の半島侵略を背景にしているから、すべての絵本から抹殺してしまえ、といい出す人が出るにきまっている。それで私は、昔話は決して政治的背景から語り出される諷刺《ふうし》文学ではなくて、庶民の生活感情や宗教意識から生まれるものであることを断っておきたい。そのためにこそ普遍性と永続性をもつのである。ただ、秀吉の側近にはお伽衆《とぎしゅう》なるものがおって、精神的にはすこし幼稚な主人の気に入りそうなお伽噺を語っていたことはたしかである。そうすると、裸の大将のように、日本一や天下一の形容詞が頻発するのはありうることだ、といったまでである。それに余計な一言を付け加えることを許してもらえるならば、すこし幼稚な人間でなければ昔も今も天下など取れるものでない、ということである。

それはともあれ、桃太郎は、犬、雉、猿をお供にして鬼ヶ島へ渡ることになるが、昔話はどれもこれも運搬手段がはっきりしない。島だから船だろうというので、巌谷《いわや》小波《さざなみ》なども「やがて船の用意を致して、八重の塩路《(シオ)》を乗り出しました」などと簡単に片付けており、昔話にはこの船のことすら言わないものが多い。ことに私がこの昔話の原形にちかいものとかんがえる『沖永良部《おきのえらぶ》島昔話集』（岩倉市郎氏著、昭和十五年）

も、船のことは語らない。遠い遠い野原の真中の石の下の穴から、太縄をつたわって鬼の島へ下りた、となっている。

これはすでにのべたように、「鬼ヶ島」は他界をあらわすので、ほんとうは死者の霊魂か祖霊しか往来できないのである。神武《じんむ》天皇即位前紀の熊野灘《くまのなだ》で入水《じゆすい》した皇兄三毛入野命《みけいりののみこと》などは「浪秀《なみのほ》を踏みて常世郷《とこよのくに》に往《いで》ましぬ」となっている。したがって船のような運搬手段を必要としないために、すべての桃太郎昔話で船が軽くあつかわれた。しかし鬼ヶ島にはちがいないし、鬼のおるところなら地獄だろうという常識から、島に着くと鉄の黒門があって、そこを動物の援助で通ることになる。

このあたりには中世の地獄破り物語の影響がみとめられるが、最近私の見た奈良絵本の『義経地獄破り』（ダブリン市チェスター・ビーティ・ライブラリィ蔵、二冊本〈近世初期〉）や『朝日奈物語』（同上蔵、巻子本一巻〈同上〉）などは、中世の気分をのこしているので、地獄破りの語りが詳細である。しかし海を渡るということはなくて、「三途の大河」を押し渡って地獄の城門を打ちやぶることになっている。このことからいえば、実際には中世末期の「桃太郎」には地獄破りがあったのではないか、と私はおもう。そうでないと日本一の桃太郎の大力は発揮できないし、動物の援助の意味もない。昔話の主題は他界往来であるけれども、現在の「桃太郎」では語りの面白さがないから、この地獄破りの武勇伝が脱落したのであろうとおもう。そのために巌谷小波の『日本昔噺』は武勇伝を補っているけれども、これは歌舞伎がかりでオーヴァーすぎる。しかしこれがないと、なぜ犬と雉と猿をお供にしたかが説明できないのである。

八　犬・雉・猿の問題

桃太郎のお供の動物を智・仁・勇にあてて説明した時代があったが、説話史的にも宗教民俗学的にも説明困難なのが、犬・雉・猿の組み合わせである。広島県地方には、臼・栗・蟹が黍団子をもらって鬼ヶ島征伐に参加する、という「桃太郎」があり、愛媛県北宇和《きたうわ》郡にも石臼・馬糞《ばふん》・針・百足《むかで》・むくろじを家来にする話、あるいは東京北《きた》多摩《たま》地方には蟹・臼・蜂・糞・卵・水桶などを家来にする話があるけれども、これらが「猿蟹合戦」の混入、変型であることは、誰が見てもあきらかである。変型「桃太郎」は最近、「寝太郎型桃太郎」が基本ではないかという主張もあるが（『奥備中の昔話』昭和四十八年）、これには桃太郎の大力話だけで鬼退治がなく、稀《まれ》にあっても、「以後一般型と同じ」とあるから、犬・雉・猿のお供であろう。

そうすると、犬・雉・猿の援助によって「鬼ヶ島」征伐をする「桃太郎」を定型昔話（柳田翁分類では本格昔話または完型昔話）とすれば、これらの動物はこの昔話の主題にかかわるものとしなければならない。しかし、この問題を完全に解決することは、いまのところ困難である。ただ、すでにのべたように、桃太郎の他界往来を地獄の鬼退治に変換した段階で、地獄破りに必要なメンバーとして設定されたものであることは確かであろう。そして他界と地獄の結合した「鬼ヶ島」（ニラの島）となっても、この犬・雉・猿はのこっているのであろうとおもう。

昔話の中には、雉と猿の組み合わせは「餅争い」の形で出てくる。『日本昔話集成』には採られていないが、『昔話研究』㈠には「猿と雉栗拾《くりひろ》ひ」（小県《ちいさがた》郡昔話）と「猿と雉寄合田《よりあいだ》」（羽後《うご》仙北《せんぼく》郡）と「猿と雉豆交換《まめこうかん》」（東田川《ひがしたがわ》郡昔話）が出る。猿の狡智《こうち》で雉が食物を取られる話ばかりで、とても協力できる関係ではない。ただ小県郡昔話では、栗を取られた雉の仇討《かたきうち》に、臼・蜂・卵・牛糞が加勢するところに、「猿蟹合戦」との複合が見られる。そうするとこの動物は別のモチーフから「桃太郎」に入れられたのであろう。その場合、神話の天稚彦《あめわかひこ》の殯葬《ひんそう》の条に雉が出ることをとりあげることができる。

ここでは雉は、無名雉《ななしきぎし》（『古事記』は雉名鳴女《きぎしななきめ》）として、天上高天原から地上に遣わされたスパイである。ところがこの雉がスパイであることを見抜いたのは、地上の天稚彦の天探女《あめのさぐめ》だというけれども、これは逆スパイではなくて、スパイである雉の異名だったのではないかとおもう。とにかく雉は天上他界と地上を往来する鳥とされているので、他界往来談にふさわしいばかりでなく、鬼退治にあたっては、鬼ヶ島に飛んで敵状偵察をする役目を荷《にな》わせられたのであろう。絵本ではよく鎧《よろい》の胴巻を着けた雉が飛んでゆく図が描かれるのも、地獄破りに必要なメンバーとかんがえられたからである。

また天稚彦神話では、殯《もがり》の葬者として雉が哭女《なきめ》（『日本書紀』では鷦鷯《さざき》が哭者《なきめ》）となるが、これも実際には、悲しみを表現するために泣くというよりは、鎮魂呪術者であり、黄泉《よみ》の消息をつたえる巫女《みこ》であったろうとおもう。したがって雉はあの世に往来できる鳥とかんがえられていたことがわかる。

犬と猿の関係は犬猿の間柄といわれるほど仇敵《きゆうてき》関係にあるのに、桃太郎のお供になるというのは不思議である。ただ猿には、「猿神退治」の昔話があるように、他界往来の超能力がみとめられており、「猿の浄土」の昔話もある。これは石見那賀《なか》郡（現・浜田《はまだ》市）地方の昔話であるが、猿を助けた薪売りの息子が猿につれられて猿の浄土へ行き、「猿の一文銭」というものをもらう（『昔話研究』（二））。この一文銭は、欲しいものが何でも出るという、鬼の「打出の小槌」のようなものである。この一文銭を隣の爺にぬすまれたのを、飼犬と飼猫が取り返す、という話である。類話は因幡の八頭《やず》郡地方にもあるけれども「猿の浄土」は出ない。しかし、いくらでも宝物が出る猿の一文銭という呪宝は、鬼ヶ島のような鬼の浄土の呪宝と共通性があり、鬼ヶ島渡

狩場明神像（個人蔵、写真提供：和歌山県立博物館）

りに参加できる霊的動物とかんがえられたのであろう。

また「夢見小僧」というジャンルの昔話にも、猿ヶ島と鬼ヶ島の話が出るので、この両者の共通性が見られる。これは『磐城昔話集』（岩崎敏夫氏、昭和十七年）の「初夢を教えないで得をした話」であるが、小僧が初夢を主人に売らなかったばかりに島流しにされた、という不合理な話である。その島には多くの猿がいて、追いかけられると持ってきた粉餅をちぎって投げ与えたというのも、桃太郎と黍団子と猿の関係に似ている。小僧は猿の島を逃げ出して海を渡ってゆくと、青鬼赤鬼黒鬼の多勢いる鬼ヶ島へ着いた。小僧はここで鬼に食べられようとするのを、初夢と鬼の宝物（千里車・万里車と生き針・死に針）を交換するといって鬼をだまし、千里車で宝物を持って逃げ帰ったというのである。このような猿ヶ島と鬼ヶ島というような関係も、鬼ヶ島渡りする桃太郎のお供に猿が加わるモメントがあったかもしれない。そして「夢見小僧」には、生き針と死に針で長者の娘を手に入れるという妻覓《つまま》ぎ談までついている。

犬については、「猿の経立《ふったち》」でも「猿神退治」でも、よく化物や化生《けしよう》の者を見分けて、これを嚙《か》み殺すという昔話が多いので、鬼退治の立役者に選ばれたのであろう。また、犬はよく宝物を嗅《か》ぎ出すという話も「飼犬猫と宝物」（『日本昔話集成』は「犬と猫と指輪」）に見られ、犬が主役で猫は盗みの助手になって宝物を手に入れる。その宝物も鬼の呪宝である延命小槌とか打出の小槌であり、または猿の一文銭であったりする。このような昔話の犬の呪宝獲得の能力が買われて、桃太郎の鬼ヶ島渡りに加えられたものとおもわれる。そのほか、犬はよく先導の役をする性質も知られており、高野山の開創縁起では、山神の化身である高野明神は、狩人の姿で犬とともに弘法大師を高野山へ案内した。これは『金剛峰寺建立修行縁起』に、

大和国宇智郡にて、一人の猟者に逢《あ》ふ。（中略）弓箭《きゆうせん》を以て身に帯《たい》し、大小の黒犬之《これ》に随従す。

と書かれ、高野山では今も犬を神聖視する。これも桃太郎のお供に加えられた理由であろう。

常識的には、猿は賢い動物であり、犬は主人への忠誠心、雉は勇ましい飛行力で鬼退治に加えられた、とかんがえられているが、やはり、これらの動物の昔話の中での役割や、その活動の実績から、桃太郎のお供になる必然性を推論すべきであろう。しかし、上にあげたような犬・雉・猿にかかわる神話、伝説、昔話は多くの複合や脱落や付加があるので、そう簡単には解決できないのである。

九　鬼ケ島と宝物

昔話「桃太郎」は、主題が他界往来談であるかぎり、鬼ケ島渡りは必須《ひっす》のモチーフであった。さきにあげた『奥備中の昔話』の解説「口承文芸としての特質――桃太郎の伝承と話型をめぐって――」は、桃太郎説話にとりくんだあたらしい論文であるが、桃太郎の異常誕生と大力だけを語る「寝太郎型桃太郎」に文芸性をみとめるとして、鬼ケ島をあげない。この桃太郎は昼寝ばかりしていて、いざというとき大力を出して、薪の代りに大木を根ごと引き抜いてきたとある。しかしこのような変型昔話は、この論者が言っているように「付け太郎」であって、話者が個人的興味と聴手へのサービスで「付け」た話で、民族共通の意識表現としての昔話とはいえないのである。ここでも「桃太郎」の主題が置き去りにされている。

しかし大部分の昔話「桃太郎」はその結末をハッピーエンドにして、鬼が降参して宝物を差し出し、桃太郎はこれを車に積んでエンヤラヤーと引いて帰る。これも絵本では見開き二ページで、車には金銀珊瑚《さんご》、七宝が積まれているが、実際に手に入れるのは「鬼の宝物」である打出の小槌や隠れ蓑《みの》でよかったのである。しかしもっと素朴な形では、米でよかったであろう。そのような「桃太郎」は採訪されていないようであるが、海の彼方の「根の国妣《はは》の国」である常世《とこよ》、すなわちニライ、ニラ、ミールク、ミミラク、ミロクと変化した祖霊の国からは、生命の根源である米がもたらされたというのが、もっとも古い鬼ヶ島であろう。この常世観は「弥勒《みろく》踊」や「鹿島《かしま》踊」の歌に破片としてのこっており、飢饉《ききん》年の弥勒（身禄・命禄）私年号もこれであることはすでに述べた。

ところで、祖霊としての鬼と呪宝の原型は、記紀神話の素戔嗚命であることも、私がしばしば主張したとおりで、ここでの桃太郎は大国主命《おおくにぬしのみこと》（大己貴命《おおなむち》）であり、得られた呪宝は生大刀《いくたち》・生《いく》弓矢と天沼《ノぬ》琴《ごと》（天瓊《ノ》琴）であった。これらと共に鬼（素戔嗚命）の娘・須勢理毘売《すせりひめ》を得て帰るのは、桃太郎妻覓《つまま》ぎ型の原型である。

このように生命の根源としての米（斎庭の稲穂）から呪宝になり、やがて金銀七宝の宝物になったのは、人間生活の変化に対応した変化であることはあきらかである。その呪宝も、死者を生かすことができる生大刀・生弓矢（タマフリの呪具）から、欲望を充足する打出の小槌になったのも、大きな変化である。延命小槌の方は生大刀・生弓矢に近いけれども、もっと原始的な生命の根源は米であったであろう。その意味で、桃太郎が鬼ヶ島からもたらす「車に積んだ宝物」というのは、中世末期から近世にかけての都市民的財福を宝物とした時代の所産ということができよう。これに対応して、海の彼方の常世から飢饉の救済に来る「ミロクの船」は、七福神《しちふくじん》と財宝をのせた「宝船」に変化するのである。

「桃太郎」はわが国のもっともポピュラーな昔話であるだけに、このテーマやモチーフの解釈は慎重を要するであろう。したがっていろいろの面からの解釈や意見があってよいが、海外の説話との共通性をもとめるあまり、異常誕生児の冒険談としたのでは、日本民族の生み出した共通の認識としての、昔話の本質を見失うことになる。われわれはもうそろそろ、日本の庶民文化や庶民宗教の所産として、日本昔話の独自性を主張してよい時期に、来ているのではないか。そうすることによって、どこまでが固有で、どこまでが外来であるかが、もっと明らかになるであろうとおもう。この認識は日本文化の独自性についても必要なことであり、そのためにも、庶民精神の生み出した昔話を、日本文化史と日本宗教史の一環にまで高めなければならない。

あとがき

本書は『茶道雑誌』に昭和五十六年三月から五十八年三月まで連載した「昔話の世界」を一冊にまとめたものであるが、その骨子はその数年前に「民俗学概論」の特殊講義として講じた「霊物怪異談」を基にしている。鬼や天狗《てんぐ》や河童《かっぱ》、龍《りゅう》・蛇などをテーマにして、宗教民俗の世界を開こうと試みた講義なので、昔話そのものを主題にして、口承文芸をあつかったわけではない、その点で従来の昔話研究とは異った論考になったが、口誦《こうしょう》伝承にはこのような分野もあっていいのではないかとおもう。民俗学のあつかう庶民の過去の生活と文化は、衣食住や生産、労働、分配、交易などの物質生活も、家や村や講集団から年中行事、通過儀礼にいたる社会生活も、その基底にみな民族宗教をもっている。いわんや精神生活の分野に属する民間信仰や民間宗教、民間説話、民間歌謡、民間芸能などは、宗教を度外視してその本質を明らかにできるはずはない。昔話は神話、伝説口碑、唱導説話などとともに民間説話の中心課題なので、もっとも宗教的要素をもつ分野であるのに、この点からのアプローチがなかったのは不思議である。

また宗教民俗学としても以上のすべての分野を対象にして、過去の庶民生活にはたした宗教の役割とその残存を明らかにすることができるが、昔話は採集の集積も多いし、構成が単純で分析が容易である。しかも原始的な霊魂観や神観念、他界観念などを比較的よく保存している。これは神話に表出された民族宗教が仏教の唱導と複合することによって寺社縁起を生み、中世の説話文学、語り物を生み、童蒙《どうもう》子女のための絵物語化してはお伽草子《とぎぞうし》となって、昔話の源泉をなしたからである。

しかし昔話について持たれて来た従来の興味は、主として外国の口承文芸との共通性であった。これは文芸形式の単純性から来る話型の共通性や、庶民の生活や感情の類似性による話素、主題の共通性によることが多いとおもうが、これが外からの伝播《でんぱ》ではないかとする考え方は牢固《ろうこ》として抜きがたいとおもう。このような場合にも、それぞれの民族の昔話、コント・ポピュレール、メルヘンの根底に存する宗教的理念を明らかにして、その上で伝播か固有かを論じても遅くはないであろう。伝播説に対して私がいつも疑問におもうのは、伝播の時代と、何処から誰が、どのような手段によってその説話、昔話をもたらしたかという点である。これが明らかにならないで、簡単に伝播ということができないのは常識である。日本は島国なので他民族との接触とその手段はかぎられている。仏典と仏徒を媒介にすることは不可能でないが、それを証明できる昔話がどれだけあるであろうか。もちろん唱導説話には仏典の譬喩《ひゆ》談や仏教思想が入っているが、それが民衆に受容《い》れられるためには民族宗教が根底に存するのが常である。

しかしそうはいうものの、昔話、メルヘンの類似性というものには、たしかにおどろくようなことがある。私も一九七六年にブレスト大学社会学科のジャン・ミシェル・ギルシャー教授のところで、ドナシェン・ロラーン氏からブリギッタ説話を聞いておどろいたことがある。最近はすこし事情は変ったらしいが、私が最初渡仏したころは、大学で講座をもつフランス民俗学の研究者といえばギルシャー教授ぐらいで、コレジュ・ド・フランスで紹介されたレロア・グーラン教授もエスノロジストで考古学者であった。ただそのころでも昔話、民間説話《コント・ポピュレール》の研究は盛んだったので、ギルシャー教授は国立科学研究センター（CNRS）の研究員として民間説話を課題にしているロラーン氏を呼んでいてくれた。そのとき氏のテーマはブリギッタ説話であるといって語ったのが「手無し娘」によく似た話であった。

この「手無し娘」型については、柳田国男翁は『日本昔話名彙』の中で参考欄に、「ヤーズレー　一九九　偽手紙の条まで外国にあるは不思議」と短評を加えているだけであるが、関敬吾氏はアールネ・トムプソンの七〇六やボルテ・ポリヴカの二九五などによるヨーロッパの「手無し娘」(The Maiden without Hands) のモチーフ分析を『日本昔話集成』にあげている。それによると柳田翁がこれを「継子《ままこ》譚《たん》」に分類したにもかかわらず、継子いじめのテーマはなくて、偽手紙のモチーフと奇《き》蹟《せき》による両手の生えるモチーフがある。ところがロラーン氏のブリギッタでは子供のお産を受けようとして両手が生えるというモチーフがあって、日本の「手無し娘」の川の水を飲むときに、背中の子供がずり落ちるのを受けようとして両手が生えるのとよく似ている。

ロラーン氏の資料はブルターニュ地方の民謡にあらわれるブリギッタで、ブルターニュはマリア信仰とマリアの母のアン信仰の盛んなところであるが、そのブリギッタはマリアがイエスを生むのを手伝って両手が生えた話であるという。そしてこの昔話の伝統は中世の歌謡にも見られるというのである。しかもこれがブルターニュに入ったのはアイルランドのケルト民族の信仰からで、二月一日を縁日とするブリガンティア（光明）という女神がブリギッタになり、これがキリスト教と結合して「手無し娘」になったところまで突止めたと語ってくれた。

この研究はあれから六年後の一九八二年に「ブリギッタ・マリアのお産を手伝った産婆・資料紹介」として『アルプスとローヌ渓谷の世界』（CNRS発行）という雑誌の「民間信仰と口誦伝承特集号」に載ったそうであるが、ブルターニュ地方のブリギッタ聖者信仰というものは、またこれとちがうブリギッタだというから、口誦伝承と宗教の関係は複雑である。というのはカトリック教会にブリギッタ聖者として祭られているのは、スウェーデンの実在の王妃で、聖人に列聖《キャノナイズ》された人であるという。私もブルターニュのオート・コルヌワイユにあるサン・テルナンの美しい森と湖の中に立つブリギッタ教会へ寄って見たが、この王妃の聖ブリギッタであった。したがって「手無し娘」のブリギッタはケルト系の民間伝承がキリスト教化して、民謡としてのこったといえるらしい。このような近接地域同士の説話の伝播はたしかにかんがえられるけれども、これを日本まで延長して伝播として扱うことができるかどうかとなると、私も躊躇《ちゅうちょ》せざるを得ない。継子譚もすぐグリムやシンデレラを引合いに出すけれども、もっと日本の過去の社会と通過儀礼として考察してもよいのではないかとおもう。そうすると継子いじめそのものよりも、苛《いじ》め方やそこからの救済に、宗教的要素があることが注意されるようになるとおもう。

柳田国男翁も昔話伝播説は否定しなかったけれども臆病であった。あの分類を立てるにもアールネ・トムプソンのシステムを用いながら、国際的類似に明確な見解を示さなかった。たとえば『日本昔話名彙』の緒言に、

国際的に謂へば、表面上縁の無い民族の間に、争へない一致を示して居るといふことが其一つ。グリム兄弟の採集した話の中に日本でそっくりの同じ形を持ったもの、或は似よったものがある。五十位有るといふ人もあります。この中若干のもの、例へば、「豆と炭と藁しべ」「猫と鼠」「手無し娘」「塩吹臼」などの話は、彼方から日本に輸入したといふ人も有りますが、それは南蛮貿易が始まって後といふ事が明確ならばともかく、それ以前から伝はつたものもあるでせうし、又新

らしい交通の影響の到底及びさうも無い地方に有る話などは、軽々しく輸入だなどと謂ふことは出来ません。

と肯定するがごとく、否定するがごとき態度である。たしかに国際的一致ということは、すでにあげた「手無し娘」でも言えないが、国際的類似は一部の説話にはあるのだから、話型なり主題なり話素なりの類似を、すぐ伝播としないで、文学型式なり庶民生活なり、庶民信仰なりで説明できるような昔話研究が開けてもよいのではないかとおもう。その作業の一端として日本の昔話、とくに霊物怪異談の宗教的背景をさぐる試みも必要であるかもしれない。

次に本書では鬼というものが、仏教の唱導によってあくまでも残酷な恐怖的存在となったが、昔話の中では恩寵《おんちょう》的な面ものぞかせるということを強調した。これは原始的霊魂観の二面性を鬼に負わせたことを示すものである。そして鬼のイメージを固定させるには、山伏など山の呪術者の延年芸能、ちかごろの言葉でいえばパフォーマンスが大きな役割をしたことをのべた。その意味で「こぶとり」の昔話などは、国際的類似性よりも大きく、日本の宗教史や芸能史の上に顕著な役割を果している。このことはまた山の呪術者が霊物怪異談の成立と伝播に一翼を担ったことをしめすものといえる。「こぶとり」の原話にあたる『宇治拾遺物語』の「鬼にこぶとらるること」の延年の描写は、延年に参加した山伏でなければ語れないものである。

山伏と昔話の関連で本書に示した「天道さん金の鎖」は、山伏入峰の登攀術《とうはん》の、今はほろびた技術が昔話にのこったことを指摘したものである。現在修験入峰のおこなわれる大峯、羽黒（出羽三山）、彦山、石鎚山、木曾御嶽、妙高山《みょうこう》、戸隠山などでも、急坂の登攀には鉄鎖と木梯子《ばしご》、鉄梯子がもちいられる。大峯奥駈の行者還岳《ぎょうじゃがえりだけ》などには五〇〇メートルにも及ぶ木と鉄の梯子の連続があり、湯殿山の金月光坂《かねがっこう》も二〇〇メートルほどの鉄梯子である。もっとも恐ろしいのは「鎖禅定」とよばれる鉄鎖で、石鎚山や妙高山の鉄鎖はよく知られている。しかしこれももとは木鎖をつないだものであることは、槍ヶ岳《やりがたけ》開山播隆《ばんりゅう》上人の伝を見てもわかる。はじめは木の股《また》のごときものを信者が一つずつかつぎ上げて鎖にしたが、のちには鉄の輪に代えている。

この鉄の鎖が「天道さん金の鎖」であることに思い当ったのは、フランス中部、ケルシイ地方の農村、サルヴィアック町のペシュ・ガヤール丘で、滞在していた家のまわりの樫《かし》林の蔓《つる》切りを手伝っているときであった。高い樫の木に登るのに、大峯奥駈のような鉄鎖があれば安全だがと思ったとき、この発想が浮んだ。頭の上は底抜けに晴れた青空で、天道さんも輝いていたが、日本の山村では山の頂上を空というのである。「金の鎖」は山の頂上に登る手段だと思うと、もう一つの謎である木に登るのに幹に鉈《なた》で刻みをつけたという昔話のモチーフもすぐ解けた。それは梯子が無い時代の登攀手段として、崖《がけ》のすぐ側に生えている杉の木などを伐り倒して寄せかけ、これに鉈や鉞《まさかり》で刻みをつけて登るのである。

古代中世の修験が入峰したときの技術の記録は全くない。今のロープの代りに葛蔓《くずかずら》をもちいたであろうということは容易に想像できるが、この上端の支持は誰かが自力で登って、木や岩に繋《つな》ぎ止めなければならない。その最初の登攀は、木に鉈で刻みをつけて登るほかはなかったであろう。修験道の記録にない技術が、昔話の中にかくれていたのである。今も余り人の入らない大峯南奥駈などでは、丸太一本を急坂に立てかけ、刻みをつけてそれに小さな横木を打っただけの梯子がある。この丸太を二本にしてその間に二尺、三尺の横木を打てば、普通の梯子になる。私はこのようなことから、「はし」(橋)というのは川などをまたぐ平面の「はし」もあるが、下から上に立体的にかける「はし」もあり、これに刻みをつけたのが「きざはし」であったろうと思いついた。「天《あま》の橋立《はしだて》」などというのもこの立体的橋だったわけである。昔は農家は鶏を土間の天井に棚を釣って鳥屋《とや》にして飼った。それに刻みをつけた細い丸太を立てかけておくと、夕方鳥屋に就こうとする鶏は、翼を広げてバランスを取りながら、この原始的な「きざはし」を登ったものである。

沖縄の久高《くだか》島のイザイホウには神秘的な七ツ橋というものがあるので、先年のイザイホウ見学には興味をもって見ていたが、普通の梯子をカミアシャゲ(主要建物で籠《こもり》屋《や》とする)の前の土中に埋めただけであった。この七つ橋は神女《カミンチュ》の資格のないけがれた女性は落ちるので渡れないと伝えているのに、これでは落ちようがないのである。これなども後の変化で、カミアシャゲは床を上げた「神足上げ」すなわち「足一つ上りの宮」で、これに掛けた「きざはし」であったろう。私のこの意見に地元の研究者は、久高島のイザイホウは原始のままで変化はないといって、気色ばんで反対した。しかし原始ならば七つ橋は丸太に七段の刻みを入れただけの「きざはし」だから、精神の安定を欠く神女は落ちたのである。

昔話の「天道さん金の鎖」も説話としては短いもので、尾鰭《おひれ》を付けても十数行で終ってしまう。しかしこれを「逃竄譚《とうざんたん》」などと軽く片付けないで、いろいろの面から掘り下げれば無限の内容をもつものだとおもう。山姥《やまんば》に追いかけられる兄弟の逃走の仕方に、過去の庶民の生活や歴史や宗教がかくれているということができる。

本書は連載の読物だったために毎月の枚数に制限があって、その主題や話素の分析も十分とはいえないけれども、その都度浮んだ発想を書き留めたものなので、ほとんど旧稿のまま世に送る次第である。

昭和五十九年十一月十二日

五来　重

解説

小松和彦

著者の五来重は、一九〇八（明治四一）年、現在の茨城県日立市に生まれ、東京大学で印度哲学、さらに京都大学に入り直して日本仏教史を学び、高野山大学教授や大谷大学教授を務めた。専門は、日本宗教史・民俗学。京都大学在学中に柳田國男の講演を聞いて感銘し、その後、庶民が伝承してきた民俗のなかに浸透している仏教の影響を明らかにするための研究分野「仏教民俗学」の開拓・確立に生涯を捧《ささ》げ、晩年はとくに山岳信仰、修験道の研究に力を注ぎ、一九九三（平成五）年、満八五歳で亡くなった。

五来は晩成の学者であった。彼の最初の単著で、今でも名著と評される『高野聖』（角川新書）が刊行されたのが、一九六五年、五七歳の時で、その後、『熊野詣―三山信仰と文化―』（一九六七年、淡交社）や『円空佛―境涯と作品―』（一九六八年、淡交社）、『山の宗教＝修験道』（一九七〇年、淡交社）、『絵巻物と民俗』（一九八一年、角川選書）など、一般の読者にも読み易い簡潔な文章で書かれた多くの関連著書・著述を残した。没後ほどなくして単行本未収録の論文・エッセイなどの多くが『宗教民俗集成』（全八巻、一九九五年、角川書店）として刊行されるとともに、後に未公刊の博士論文『日本仏教民俗学論攷』などを含めたその主要な著作・著述が『五来重著作集』（全十三巻、二〇〇七〜二〇〇九年、法藏館）としてまとめられた。

五来の学問の特徴は、宗教史研究者の林淳が「中世の仏教史・文化史・芸能史を対象にして、文献史学の方法と民俗学の方法を併用したところに五来の本領があった」（「五来重と仏教民俗学の構想」〔『宗教民俗研究』第一八号、二〇〇八年〕）と評しているように、中世の文化、とくに宗教や芸能を対象にして、文献史学の方法と民俗学の方法を併用することで斬新《ざんしん》な考察を試みた点にある。とりわけ重要なのは、それまで顧みられることが少なかった寺社縁起などの宗教説話の発掘に努め、その文化史上の重要性を仏教・修験道の影響をふまえて説き、その後発展することになるこの分野の先駆者として位置づけられることになった点にある。

しかしながら、五来の学問には、幅広い視点からの考察には納得できるものも多々あるが、今日の観点からすると首肯できないような解釈も見られた。それは、とくに民俗の扱いに現われていた。柳田國男に心酔する五来は、日本の神観念の原初は「祖霊」にあるとする柳田の考えを受け入れ、それを始点にして民俗に新旧を見いだして序列化してみせる、つまり一筋の道筋で描く単系的な歴史的変遷の解明・構築に力を注いだ。

本書の原本は、一九八一年から一九八三年にかけて『茶道雑誌』に連載された「昔話の世界」を、書名を『鬼むかし』と改めて、角川書店から一九八四（昭和五九）年に刊行されたものである。この頃は、五来がさまざまな雑誌や新聞などを舞台に健筆をふるっていた時期にあたり、その余勢をかって昔話の領域にまで考察の手を伸ばしたのが本書であるが、ここにも、上述の五来の解釈の特徴が色濃く現われていた。

「鬼むかし」とは聞きなれない表現であるが、これは鬼が登場する昔話ということを意味する。「あとがき」によれば、この作品の骨子は、大学での「民俗学概論」の特殊講義として講じた、鬼や天狗《てんぐ》、河童《かっぱ》、龍《りゅう》・蛇などをテーマにした「霊物怪異談」にあるという。この語もまた聞きなれないが、内容から判断すると、今日流通している用語でいう「怪異妖怪譚」に相当するようである。

留意したいのは、この当時、学術的な怪異・妖怪研究は人文系の諸分野でも散発的になされている程度であって、とりわけ民俗学では低調を極めていたことである。そのことを考えると、「霊物怪異談」の研究はきわめて野心的な試みであったと評価できる。

では、五来はなぜ昔話を論じようとしたのだろうか。このことをよく物語っているのは、本書のなかの次の発言である。「昔話の中で、宗教民俗学の立場から、日本人の民族宗教の原型をもっともよくしめすのは、霊物怪異談という一群の昔話である。鬼や天狗《てんぐ》や龍《りゅう》、河童《かっぱ》・山の神・水の神・山姥《やまんば》・幽霊・化物・天邪鬼《あまのじゃく》・雪女・貧乏神など、実在でない怪物や霊物を主題《モチーフ》とした話である」（本書一二～一三頁）。そして、これらの霊物怪異談のなかでも、「きわめて大きな比重を占めるのが鬼の昔話である。これは『鬼むかし』といって特別にあつかわれた」（同、一三頁）。すなわち、昔話のなかでも「鬼むかし」がもっとも「日本人の民族宗教の原型」を保存しているので、これを考察することによって「日本人の民族宗教の原型」を明らかにできると考えたのである。

　それでは、この「日本人の民族宗教の原型」とは何だったのだろうか。それは、五来にはもはや自明のものとなっていた、柳田國男が説いた、仏教などの外来信仰の影響を受ける以前の、いつとは知れぬ古い時代から日本人のあいだで生まれた根生《ねお》いの「固有信仰」、つまり「祖霊信仰」（先祖の霊魂の祭祀）であった。

　五来の昔話解釈の枠組みは、大きく分けると、次の二つであった。一つは、上述の「祖霊」に基づく日本の信仰・神観念の変遷史で、この祖霊信仰はその後仏教や修験道などの影響を受けつつ変容を遂げてきたが、それが幾重にもまとっている「外皮」を剝《は》ぎ取れば、この「原景（原質）」＝「祖霊」を見いだすことができる、とする考え方である。例えば、「瘤《こぶ》取り爺《じじい》」の昔話を想起しつつ、次のように述べる。

修験道《しゅげんどう》（山岳宗教）の研究からも、山伏の奉仕する山の神の原質は、その山の麓《ふもと》に生活する人々の霊魂が山中他界《さんちゅうたかい》にとどまって山神とよばれた、とすることができる。この霊魂はまた祖霊となって、子孫を慈《いつく》しむとともに、子孫を誡《いまし》めるから、恩寵《おんちょう》と懲罰の二面性をもっている。これが「こぶとり」では、良い爺さんには幸福を与え、良くない隣の爺さんには罰を与えたという隣の爺さん型昔話のもとである。（傍点小松、本書一六頁）

同様の発言は、本書の至るところで述べられている。すなわち、五来の昔話への関心は、鬼や天狗、山姥などの原質は祖霊であり、「鬼むかし」にはその特徴がたくさん見いだされるから取り上げたのであって、そうではない昔話には関心がなかったことがはっきり示されている。

もう一つの解釈の枠組みは、こうした神観念が表出する媒体として、古代神話から寺社縁起へ、寺社縁起から唱導説話・御伽草子《おとぎぞうし》などの娯楽的物語へ、そしてさらにそこから昔話が生まれたとする、宗教説話の単系的変遷史である。これについても、例えば、「鬼の子小綱」や「三枚の護符」などの昔話に見える、鬼や山姥からの主人公の逃走というモチーフを論じるなかで、日本の昔話には外国の説話・昔話に由来するものもあるという意見を念頭において、次のように述べている。

昔話の原話は多く神話にもとめられる。神話は、その民族や共同体のメンバーがどうしても知らなければならない共通の知識であった。（中略）昔話は神話もしくは「原神話」を母胎にすると私はかんがえるが、研究者の中には大部分が外国昔話の伝播《でんぱ》と見る人も少なくない。（中略）もちろん近世江戸時代や近代明治時代に入ってきたものがないとはいえないが、本格昔話の場合は、それはアクセサリー的な趣向として付加された部分であろう。したがって昔話の分析には、まず日本の古典神話にオリジンをもとめ、次いで儒仏道の古代外来宗教、あるいは外来宗教、あるいは外来文化の混入を検討し、それらの混合形態として寺社縁起や中世の唱導説話を探った上で、それでも解決されない部分について、はじめて外国昔話の伝播を考慮すべきであろうと、私はおもう。（本書一四〇～一四二頁）

同様の発言も本書の至るところに見いだすことができるだろう。五来の念頭につねにあったのは、昔話の「もと」（オリジン）になったと考える古代の「神話」であった。彼はそれを手掛かりに昔話を分析するとともに、昔話から神話を想起・解釈し、またそこに「祖霊信仰」を想定していたのであった。極端な言い方をすると、五来は手元に古代神話がなければ昔話を分析できなかったのであった。

一例を示そう。「地蔵浄土」や「おむすびころりん」などの昔話（五来は、これを「地獄白米」と呼ぶ）に見える「打出の小槌《こづち》」について、五来は「鬼の原像である素戔嗚尊は、生大刀《いくたち》・生弓矢《いくゆみや》と天ノ沼琴《ぬごと》（瓊琴《たまごと》）を持っており、これを大国主命は盗んで、黄泉《よもつ》比良《ひら》坂《さか》を抜け出してこの世に帰って来る。これは、鬼の宝物の白米や銭や宝を爺さん婆さんが盗んでくるのとおなじモチーフである」と考える。これによって「神話でも鬼が米を与える話がまずあり、米の代りに宝物を与える方に変化したのではないか」と解釈するわけである（本書一六七頁）。

つまり、五来は「打出の小槌」に「生大刀・生弓矢と天ノ沼琴（瓊琴）」の神話の残影を、さらにはその宝具の持ち主に鬼の「原質」（祖霊）さえも見いだし、そしてそうした「オリジン」探しの試みこそが昔話研究の本道でなければならないと、説いたわけである。

したがって、こうした視点に立つ五来は、河合隼雄らによって試みられた、ユング派心理学の立場からの昔話研究や、関敬吾らによる国際比較研究、さらには国文学者を中心に進められた昔話から寺社縁起・お伽草紙が作られることがあるといった新しい説を、昔話研究の本道からそれた、派生的、補助的な、二の次、三の次の研究や説にすぎないと、厳しく批判するわけである。もちろん、私たちが試みてきたような昔話の形態や構造の研究も、五来から批判的な眼差《まなざ》しで見られていた。

しかしながら、私は本書を、昔話を含む宗教説話や怪異妖怪譚研究にとって重要な著作の一つとみなして手元に置いてきた。というのも、本書には、古代の祖霊信仰や神話をもとにした五来の解釈の枠組みの成否はともかくとして、中世の仏教や修験道、寺社縁起、芸能、民俗などに関する知見を駆使した、じつに新鮮な考察が随所にちりばめられていたからである。例えば、「瘤取り爺」の昔話やその原話とされる『宇治拾遺物語』に収められた「鬼にこぶとらるゝ事」に描かれた「鬼の酒盛り・踊り」の場面を、山伏の「延年」という行事・芸能をふまえて描かれており、また現行の各地の神楽にもその痕跡を見いだすことができるといった指摘は、まさに修験道研究者の五来ならではの見事な考察であろう。

同様の傾聴すべき指摘は、昔話「天道さん金の鎖」の「鎖」は修験道の山岳修行に用いる「鉄の鎖」が反映されているのではないかとか、「地蔵浄土」の昔話で鬼が置いて行った「宝物」や無尽蔵に生み出される「米」には、『矢田地蔵縁起』の影響があるのではないか等々、数多く挙げられるだろう。私が今でも本書に見いだす魅力も、そうした点にある。

私は、「霊物怪異談」に登場する「霊物」の「原像」が「鬼」であるとする五来の考えは、基本的に正しい、と思っている。しかし、「天狗」や「山姥」「河童」などを、古代の「鬼の原像＝祖霊説」で説明し尽くせるものではない。むしろ重要なのは、日本の「鬼」は、五来も指摘するように、大陸から入ってきた陰陽道《おんみょうどう》や仏教などの影響を受けて変容し、またそのときどきの社会の要請に応じて性格も変化し、多様化を遂げて、現在にまで至っていることである。そのことを物語る一端として昔話のなかの「鬼むかし」もあるはずである。

もっとも、五来自身もそのことに気づいていて、「昔話の分析やそのモチーフやファクターを解釈してゆくと、庶民信仰や民族宗教、そして仏教や神道や陰陽道が、一般庶民の中に浸透していった過程をあきらかにすることができよう」（本書六八頁）と述べている。しかし、五来はそのような方向での考察には向かわなかった。五来の眼差しは、そこから古代へ、神話へ、祖霊へ、もはや検証が難しい遠い過去の幻想のなかへ遡及《そきゅう》する。これは、五来を含めて柳田國男の直弟子世代に共通する、目の前にある民俗資料から「前代」の信仰を探ろうとする研究態度であった。

しかしながら、私たちの関心は、それとは正反対の、古代の「おに」が「仏教や神道や陰陽道が、一般庶民の中に滲透《しんとう》していった過程」、つまり歴史のなかで幾重にも身にまとった説話の「外皮」にあり、それゆえに多くの資料を用いてその「外皮」を剝ぎ取る五来の作業それ自体の方に向けられている。神道の「皮」、仏教の「皮」、陰陽道の「皮」、庶民信仰の「皮」等々、昔話のなかの鬼や妖怪も、それらの「皮」を摂取・廃棄しつつ、時代に応じて成長・発展し、変容し、肥大し、また衰退もしてきたのである。例えば、中世の絵巻などで好んで描かれるようになった古道具の妖怪（つくも神）は、古代から鬼の系譜に位置づけられるが、その「原質」が「祖霊」であったといった起源論では、この妖怪を説明したことにはとてもならないだろう。

五来が着目した「鬼」やさらに視点を拡げた「霊物」の歴史の研究は、その後起こってきた、「仏教民俗学」の立場をも含めた関係諸学の総合化、すなわち学際的な「妖怪学」として進められ、今では多くの研究成果が生み出されている。

このたびの文庫化をきっかけに、本書を読み直し、考察のために繰り出されている豊富な資料から今もなお学ぶべき点がどれだけあるかを検討するとともに、さらには五来の学問の現代的な視点からの再評価へとつながることを期待したい。

（国際日本文化研究センター名誉教授）

本書は、一九九一年に角川書店から刊行された『鬼むかし　昔話の世界』（角川選書）を底本とした。

本文中には、「小盲」「紅毛人」といった、今日の人権意識や歴史認識に照らして不適切と思われる語句や表現がある。著者が故人であること、また扱っている題材の歴史的状況およびその状況における著者の記述を正しく理解するためにも、底本のままとした。

鬼《おに》むかし

昔話《むかしばなし》の世界《せかい》

五《ご》来《らい》 重《しげる》

令和3年 10月25日　初版発行
令和6年 11月25日　5版発行

発行者●山下直久

発行●株式会社KADOKAWA
〒102-8177　東京都千代田区富士見2-13-3
電話　0570-002-301（ナビダイヤル）

角川文庫 22900

印刷所●株式会社KADOKAWA
製本所●株式会社KADOKAWA

表紙画●和田三造

●お問い合わせ
https://www.kadokawa.co.jp/（「お問い合わせ」へお進みください）
※内容によっては、お答えできない場合があります。
※サポートは日本国内のみとさせていただきます。
※Japanese text only

ISBN 978-4-04-400675-4　C0139

角川文庫発刊に際して

角川源義

第二次世界大戦の敗北は、軍事力の敗北であった以上に、私たちの若い文化力の敗退であった。私たちの文化が戦争に対して如何に無力であり、単なるあだ花に過ぎなかったかを、私たちは身を以て体験し痛感した。西洋近代文化の摂取にとって、明治以後八十年の歳月は決して短かすぎたとは言えない。にもかかわらず、近代文化の伝統を確立し、自由な批判と柔軟な良識に富む文化層として自らを形成することに私たちは失敗して来た。そしてこれは、各層への文化の普及滲透を任務とする出版人の責任でもあった。

一九四五年以来、私たちは再び振出しに戻り、第一歩から踏み出すことを余儀なくされた。これは大きな不幸ではあるが、反面、これまでの混沌・未熟・歪曲の中にあった我が国の文化に秩序と確たる基礎を齎らすためには絶好の機会でもある。角川書店は、このような祖国の文化的危機にあたり、微力をも顧みず再建の礎石たるべき抱負と決意とをもって出発したが、ここに創立以来の念願を果すべく角川文庫を発刊する。これまで刊行されたあらゆる全集叢書文庫類の長所と短所とを検討し、古今東西の不朽の典籍を、良心的編集のもとに、廉価に、そして書架にふさわしい美本として、多くのひとびとに提供しようとする。しかし私たちは徒らに百科全書的な知識のジレッタントを作ることを目的とせず、あくまで祖国の文化に秩序と再建への道を示し、この文庫を角川書店の栄ある事業として、今後永久に継続発展せしめ、学芸と教養との殿堂として大成せんことを期したい。多くの読書子の愛情ある忠言と支持とによって、この希望と抱負とを完遂せしめられんことを願う。

一九四九年五月三日